家有中學生的
解憂之書

在教養與升學之路，
讓親子作家×台大優等生一起成為青少年的陪跑員

特別收錄　高中五大科的學霸學習法

尚瑞君、林祐亨——著

目錄

陪伴式的\學習/

一第一章一 父母不焦慮，孩子就會感受到「靜」的力量

尚瑞君

教養的
\日常/

—第二章—

那些「看不見」的能力，比成績更重要

尚瑞君

頂大生的
\思維/

—第三章—

這段路我也走過，讓我成為你的陪跑員

林祐亨

—附錄—

讀書不只努力，更要有方法

林祐亨

推薦序1

讓青少年告訴你，他內心的煩惱與期待

諮商心理師、暢銷作家　**陳志恆**

市面上有很多教養書，是由頂尖學霸的家長分享的育兒心法。閱讀這類書籍，我有時會感到疑惑：「究竟是學霸孩子天生聰穎過人，還是學霸的家長特別會教？」有時我還會質疑：「難道非得教出個學霸孩子，才算是成功的父母嗎？」

這類書籍會持續受歡迎、有市場，反映的正是多數家長望子女成龍成鳳的急切心情，以及社會上普遍存有「萬般皆下品，唯有讀書高」的教育價值觀。

然而，內行看門道，外行看熱鬧。撕下「學霸」、「資優」、「頂尖」或「卓越」等標籤，這些孩子也是個普通人，他們與父母之間也有難解的心結，有衝突、有對立、有冷戰。他們的父母也曾為他們感到煩惱，更疑惑與不解孩子的心裡究竟在想些什麼？

尤其是在孩子青少年時期，大概就是國高中階段，應該是所有家長感到最難熬的時刻。每天與荷爾蒙過剩的小大人處在劍拔弩張的緊張對立中，看不下去卻不敢多管，想溝通卻不得其門而入。

尚瑞君老師身為一位母親，也早是多本教養書的暢銷作家，她的新作《家有中學生的解憂之書》，看似有著「高材生養成術」的味道，事實上卻是她分享面對中學階段孩子的陪伴原則。

如何與孩子溝通、引導孩子面對挫折、養成孩子正確的觀念、面對孩子3C成癮、談戀愛等問題，以及，面對自己身為父母的焦慮等，瑞君老師都在書中無私分享。

她告訴父母，家長自己得先安定下來，才有辦法欣賞與信任孩子，這正是給孩子重要的成長養分。

而這本書的最大亮點，是另一位作者林祐亨，正是瑞君老師的長子，在錄取多所頂大熱門科系後，接受母親的邀請，寫出了給中學生本身和其父母的建議，裡頭記錄著他走過中學階段的重新思索。

原來，祐亨就像一般青少年一樣，也有挫折、失落、徬徨、不甘心的時刻，也有想逃避、想挑戰、想放棄的念頭。然而，一次又一次的考驗，也是一次又一次成長蛻變的機會，更有許多珍貴的體會。

於是，他在本書中和不甘心終日埋首書堆的青少年分享：「讀書不是唯一的路，但是比較輕鬆的路。」確實，想跳脫「讀書、考試、升學」這樣的遊戲規則，當然也會成功，但也可能付出更大的代價。

同時，他也以一個資深青少年（或準成人）的身分，告訴青少年的家長，孩子那些說不出口的心裡話。他認為，大人要想辦法與孩子拉近距離，關鍵是找出孩子的興趣，才能有共同的話題。當親子間有足夠的聊天與對話，大人自然能對孩子有更多的觀察與理解。

他更回頭肯定父母與家人，在他中學時期迷惘時，提供的陪伴與支持；這間接認可了瑞君老師對孩子所採取的教養態度，是正確且有益的。

就讓本書，陪著青少年與其父母，走一段不好走的路；那些難熬的時刻，終究會過去的。

推薦者簡介

陳志恆，諮商心理師、暢銷作家，曾任中學輔導教師、輔導主任，現為臺灣NLP學會副理事長

推薦序2

恰如其分的陪伴，讓青春不再困惑

王意中心理治療所所長／臨床心理師　王意中

演講中，我經常和現場的父母分享，面對家中三個孩子，在他們國小畢業前，我會走在前面，許多的事情會由我來決定，帶著孩子往前接觸、探索。當孩子進入國中，這時我會退到後面，但並不是撒手不管，而是讓孩子走在前面，由他們來決定、選擇自己的方向。

我在後方會仔細留意孩子，在他們的成長過程中，是否偏離了軌道。假如有了偏離，再適時地提醒、引導。當孩子遇見了生活中、升學上，或對未來存有疑問，孩子可以回過頭來問我，彼此相互討論。

面對孩子的成長，我們得漸漸學習放手。放手的作為，充滿著父母對孩子的信任。這代表相信他有清楚的方向，有能力可以做得到，面對眼前的壓力能夠因應調適，並往心所期待的目標前進。

父母不能再像空拍機，一直在孩子的上空盤旋。太多的主導，往往框架了孩子面對這個世界的探索。

我們不會希望孩子成為自己的複製品、替代品，要相信孩子能夠逐漸走出屬於自己的未來與天空。

曾經在新北三重的一場演講中，現場一位媽媽舉手提問：「心理師，當你在孩子小的時候，帶他們去宜蘭，難道你不擔心他們的競爭力嗎？」

當時我詢問了這位媽媽：「什麼叫做競爭力？」並表示：「如果你的競爭力指的是學業成績，那麼這是基本的。對我來說，競爭力更包括孩子對於這片土地的認同感，對周遭事物的關注，面對壓力的因應以及挫折忍受力，孩子的人際關係以及情緒管理，這些在在都形成了自己所謂的競爭力。」

喜歡瑞君老師在教養上剛剛好的拿捏，讓親子關係維持在一種適度的狀態中。彼此不至於過度糾纏、依賴，也不至於陌生、疏離。

在這剛剛好的關係中，讓親子之間有了一個適度的空間、距離，讓彼此可以更加清明地，看待彼此的關係。

在與孩子的互動中，我不時強調，「你有多自律，就有多自由。」讓孩子學習對自己的人生負責，並且享受在這負責之後，所帶來的海闊天空的自由。

當孩子步入青春期，大人得逐漸調整與孩子互動的模式。道理、抱怨、批評與指責，這些都得慢慢遠離。多聆聽，將有助於拉近彼此的親子關係。

透過這本書的閱讀，讓我們看到親子關係如何像同伴、朋友、教練、陪跑員一般。親子彼此就像一面鏡子，能時時察覺且成長學習。

期待正在閱讀這本書的你與孩子，在面對親子關係的修煉、維繫與經營能有所獲。讓孩子除了好好讀書，考上好成績，考上好學校，日後找到好工作，過好日子之外，也同時能夠學會如何好好過日子。

尤其是好好過日子，讓孩子在成長中，逐漸能夠與生命中，周遭世界的人事物建立起連結與關聯。同時，也逐漸認識自己，了解自己，形塑出內心期待的自己。

推薦序3

陪孩子活出他的人生，而不是你的

「Life不下課」節目主持人 **歐陽立中**

在我的教師生涯裡，有件印象非常深刻的事。班上有個孩子，就叫他小翔吧。他非常有繪畫天分，他的週記和學習單上，總會畫上精美插圖，為我的批閱時光增添一絲小確幸。小翔他對設計繪圖很有興趣，直到家長日那天，我見到了小翔的爸爸，他希望小翔未來念管理科系，一來好找工作，二來好接家業。當時，我花了很多心力，告訴小翔爸爸他孩子的興趣是在設計。可惜，我們彼此沒能說服對方。

直到畢業前夕，我帶班上孩子做了一個活動，讓他們回顧高中三年，自己學會最重要的一個課題。絕大多數的孩子，講的都很正向，像是學會付出、積極、善良、努力等。到了小翔，他說：「這三年，我學會了放棄。」其他同學以為小翔是在做效果，哈哈大笑；但只有我知道他這句話背後發生了什麼事，是的，最終他沒能選擇自己愛的科系，跟設計就此分道揚鑣。

親子教養最難的地方在於，父母要相信孩子的選擇？還是直接幫孩子做選擇？我們怕他們不成熟，做錯選擇；卻似乎也忘記，這是他們的人生，遲早要自己負責。當然，我們也是有孩子後，才開始學習怎麼當父母；又或者，我們的父母經驗，來自於自己父母過去怎麼養育我們。說真的，怎樣對孩子最好，我們自己也很迷惘。而這正是讀《家有中學生的解憂之書》最好的時候！

這本書讓我最佩服的地方，在於它是由母子一起合寫的。身為媽媽的瑞君，從父母的角度，寫她如何陪伴孩子走過青春期這段路；身為兒子的祐亨，從孩子的角度，寫他的心路歷程、學習方法，也寫他給父母的心裡話。要知道，這非常難能可貴。因為身為親子作家，可以把教養方法寫到讓讀者心嚮往之。但問題是，很少人注意到孩子的反應怎麼樣，是真的如作家筆下寫得那麼美好嗎？還是只是一種單方話語權的美好形塑呢？

我自己從瑞君和祐亨的文字裡，讀到一種母子間長期建立的信任和尊重。正如同瑞君在書裡所說的：「孩子是種子，請協助他長成自己的樣子。」而不是把孩子雕塑成我們想要的樣子。又如同紀伯倫在《先知》中所言：「你的孩子並不是你的，他們是『生命』的子與女，產生於『生命』對它自身的渴慕。」這時我再讀祐亨的求學經歷，發現果然媽媽給了他很大的空間去探索人生，他對理財有興趣、曾經想當牙醫，還自組音箱，可繞了一圈後，他察覺自己真正的天賦和所愛是在「寫程式」，最後選擇就讀台大資管。

然而，信任和尊重孩子，並不代表放任，這部分瑞君在書裡做了清楚的詮釋。像是「別再說分數不重要」，而是要「陪著孩子檢測分數背後的意義」，是不是學習哪裡出了問題？心態哪裡需要調整？也別對孩子說「我對你沒有期待」，因為在表面的好意，背後卻可能會讓孩子產生不被父母看重的失落感。

總而言之，本書是我讀過非常精彩動人的教養書。你可以看見來自一位母親的教養心法，也可以聽見孩子內在的真實聲音。讓我們一起成為孩子最信賴的陪跑員，別再讓孩子與夢想分道揚鑣。

推薦序4

理想與真實世界接軌的動人歷程

諮商心理師　黃之盈

父母與青春期孩子們之間，就好像駕駛與副駕駛的關係，大家待在同一台車中，需要彼此不讓對方睡著地隨時貼心關懷，更需要在看到對方應該調整方向時，擁有像google地圖或ChatGPT般的耐性，敞開心胸暢談彼此的規劃路線，找到最佳值，給予開啟對話的信任和機會。而親子關係就會在這一次次的溝通與協調中，相互堆疊和靠近。

試想，如果副駕駛總是歸咎責任、檢討偵錯地不斷對駕駛碎念道：「吼～你錯過這路口了！」「到底會不會開車啊？」「地球無法永續，就是有你這種人浪費油。」這些緊迫盯人和責怪嘲諷，都會讓握著方向盤的駕駛人內心非常茫然失措。

當然，我們也無法接受衝動、漫無章法、罔顧交通安全而造成他人危險的危險駕駛。

大多時候，我們在親子關係裡的思考，是來自於生活的互動和對話，希望能保持多一分則太擠、少一分則失聯，剛剛好的動態平衡。從瑞君的幾本作品中，我看見父母透過自我對話，不斷「調頻」，找到適合自己的絕佳位置來靠近孩子，並給出親子相處的絕佳空間。

在《家有中學生的解憂之書》這本新作裡，有著母子之間的呼應，除了從母親的角度出發，也能看見兒子從青少年的觀點提出反饋。書中從生活、運動、學習策略、情感世界到生涯規劃等各方面，母子真摯地分享，都非常真實展現出「當我們來到人生岔路，感到茫然失措時，如何重新發現安定己心的力量，直到最終找到調適的方法。」

榮格曾經說過：「個體化的歷程是其中一隻眼睛望向自己，當我們願意一隻眼睛看著外面，另一隻眼睛看著自己，覺察就有機會油然而生。」在本書的一半內容中，我看見瑞君讓渡給孩子現身說法，給予孩子賦能，「讓孩子自己發話」這樣彼此聯手主持的好默契。

瑞君和祐亨相處的這十八年，在教養上可說是百花齊放的時期。從學術至上到適性揚才；孩子們的心境調整，更從雞湯滋養，轉變為滿滿的毒雞湯。此外，在疫情的一千多天，孩子們在線上人氣爆棚，卻在現實社恐；社群媒體也充滿誘人卻迷幻的內容，多數孩子不耐寫、不耐讀，更迷失在抓眼球的短影音裡，日日想著能如何一夕爆紅。

當過去總是鼓勵人們：「放棄很快，但堅持一定很酷。」「不必很厲害才開始，開始才會很厲害。」「分享不是炫耀，而是盡情去說你做的，做你說的就好！」這樣的積極觀念，轉變成如今「躺著真舒服」「很努力還是沒成功，表示努力也沒用。」「反正明天也一樣糟，何必跟今天過不去……」「你不是一無所有，你還有病。」這種「厭世代」、「全拋世代」的絕望宣言，躺平似乎變成現代人無奈的選擇。

但這本親子書讓我們知道：「當你沒有被世代拉走，就是你拉出一個新時代！」所以，只要你願意起身付諸努力，去追求和實踐，都將成為主動者而非消費者！

親子關係中的變與不變，永遠要回到核心關鍵，那就是：彼此願意敞開、理解和對話的心，這份真實的接受、包容和祝福，才會亙久彌新。也歡迎你細細品嘗這本好書，同時重新定位你想要的親子關係。

推薦序5

嘿……台大怎麼走？

台大醫學系學生　馮貫禎

我在高一上學期因緣際會認識祐亨，後來又碰巧地與他同班兩年，到現在更進了同一所大學。在邁向頂大的路上，看著彼此的成長。我們都曾想將這段歷程記錄下來，作為對青春、學業的一種致敬，也將自己的經驗分享給後進。非常開心祐亨率先完成了這個我們曾經共有的願景，而我也藉此聊聊我一路上的經歷與反思。

學生，說穿了就是「教育」這齣戲的演員。台灣在高中前的教育制度是相當制式化的：國中三年準備考高中、高中三年準備考大學，我的教授曾經說過：「真正的學習是直到研究所才開始的」。在現在這個時代，資源唾手可得，已經存在許多管道可以取代中等教育功能，學生活在學校及教育制度下的意義值得重新審視。

如何在一個寫好的劇本之中演得出彩，在演出時成為焦點、找到心之所向，並在謝幕之後，可以找到一條新的路，成為現在所有學生的課題。本書提供了家長應該要如何幫助孩子活得出彩的指引，同時也給了學生們一套追尋自我、達成目標的學習模式。

放棄繁星，力拚分科考上台大醫學系

我在國中念的是語文資優班，直到高一才認清楚自己想當醫生、想做研究，因此開始以醫學系為目標。在確認自己的目標之前，努力地活在當下、過得精彩，當然是首要目標。當時，我創辦了醫學研究社、參加了生物學科能力競賽、寫了小論文，重點是：我有認真念書。

到了高三，上學期的幾次模擬考的成績都頗有看頭，也拿過滿級分。但是考試結果或許就是如此不如人意，學測數學掉了兩級分、國文掉了一級分、自然掉了一級分，於是就和台大醫學系無緣了。有人可能會說這樣已經考得不錯，但是沒達到自己想要的成果其實就是考不好，這是對夢想的堅持，而且是大家心照不宣的。

接著，我又經歷過繁星的掙扎——我可以穩穩的繁星上陽明醫學系，只缺面試一關，但是要不要放棄台大醫學系呢？台大的資源以及環境仍然是相當誘人的。我秉持「此情不渝」的精神，放棄了陽明醫學系，繼續跟分科測驗奮戰到底。

分科測驗的基礎很大一部分都建立在選修內容能不能信手捻來。許多人在高二時，僥倖覺得選修內容學測不會考，或是將準備的重心放在其他地方而沒有認真讀選修的內容。事實卻是：選修的基礎對學測很有助益，而且任何人都有可能走到分科，分科則全部都是選修的內容。我在高二時就是屬於有專注於選修內容的人（我可以說：各位爸媽請放心，認真念選修跟玩社團、參加活動並沒有衝突，請相信你的小孩），因此我在高三下學期的複習省了很多功夫，腦海中已經存在對大概念的理解之後，需要再次回溫的只有枝微末節的公式、背多分細節而已。

持續探索，你就會找到屬於自己的人生方向

如果我不知道自己將來想要做什麼，我也不會在高一高二的時候如此認真、做這樣的努力；如果沒認清楚自己所在的位置，我也不會做出這樣的決定。意識到自己正在做什麼、想要什麼，才是一切的根基及出發點。

找到自己的路，才能長久持續地投入。分科測驗是容易令人迷失方向的一段路程，我也曾在途中感到迷惘、無力。當所有考生的目標都是考高分時，身處這樣的洪流裡，特別容易變得渾渾噩噩、迷失方向，進而失去對於本來既定目標的熱情。因此所有考生在踏上準備的路程之前都應該要確認心之所

向，時刻提醒自己。如果只是抱持著考高分、考到哪裡就填哪裡的心態，是很難找到新的動力支持自己走過這段漫長的路的。總而言之，「尋找到真正的目的」為上，而「培養學習的模式」次之。

事實上，我私心建議學生讀者們先閱讀本書的第三章，再讀附錄。第三章提到了很多祐亨在自我探索的過程。學習的路是錯綜複雜的互動關係：與體制的互動、與教育的互動、與同儕的互動，以及與家人的互動，而我們的目標便是在眾多的關係中找到自己的定位，最後找到自己的方向。在知道自己的意義與價值之後，再回頭看考試，便會覺得考試只是一個達成目標的手段。而在附錄中，祐亨提供了全面、具體的學習模式，讓考生們可以參考，有跡可循。

但如果你已有明確的目標，那就從附錄讀起，你將會有一套協助完成夢想的精良配備。如果目標仍不明確，第三章或許是一個好的出發點，能幫助你找到學習的契機與續航力。

父母請放棄「趕羊式」的管教

學生有學生的課題。那從一個學生的角度，我們會期待能有怎樣的一個家庭環境呢？

其實除了基於我的生涯而做出與醫學生物相關的學習之外，我一直都沒有放棄其他領域的探索及發展。

在語文資優班的時候就已長期投入文學的閱讀寫作、語文類的競賽，這些參與直到高中也未中斷，我也持續參加各類的演說、寫作比賽。另一方面，課外活動部分，參加社團、拍微電影、社交、去畫室畫畫等，也都持之以恆繼續進行。然而，這些事情相對於「正規教育」之外都屬於不務正業。我相信學生想做的很多事，都會被父母理解成沒有專心在課業上，而忽略掉這些活動背後代表的探索意義以及學習價值。

再舉另外一個例子，前面提到我曾經在繁星時掙扎要不要妥協於陽明醫學系。這個時間點，我周遭有些人還頗希望我可以選擇陽明醫學系，因為這是一個保險的選擇，而無須賭上分科測驗。還好我的母親尊重我的決定，否則我也不會現在坐在台大圖書館裡面寫這段文字。

我想說的是：最了解學生狀況的人就是他自己。他清楚自己的能力所及，以及知道自己想什麼。可以決定學生要往哪裡走的也只有學生自己，差別只在於有沒有付諸實際的行動。從一個學生的角度而言，我們期望家長扮演的是一個引導、支持的角色，而不是趕羊式的教育。在課業、社交、生活各方面，學生已經要面對許多挑戰，如果家庭還成為需要面對的另外一個負擔，那未免也太令人心寒。

祐亨媽媽的教育理念是許多學生所期待、需要的。當我剛看完書稿時，我的第一個感慨是：如果這些事，所有台灣的家長都可以做到，那我們或許有機會真正地改變。

當你問說「嘿……台大怎麼走？」時，或許更應該要想的是「欸……我想走去哪？」我們終究需認清上頂大的確是一個實現夢想的手段，以及對未來生活美好的期許，但大學只是一個中繼站，並不是人生的全部。如何在這樣的制度之下活得出彩，我相信本書中，不但給了我們很多正向指引，還有實際可行的做法。

《星際過客》裡曾經有一段酒保機器人向男主角說的話，最後一句「make the most of where you are」，在你所在、盡你所能。儘管這是在開示迷航許久的、不該清醒的男主角，但也適用於曾在或正在路上迷惘的你。在制度下展現最好的自己，也試著在某種程度下跳脫體制本身，不僅為了考試、成績而念書，更要找到「為了自己」前進的動力、意義及價值，選擇適合、正確的路，這或許才是現代學生的真正意義。

作者序1

當孩子進入青春期後半場，陪他自信走向獨立

尚瑞君

常常有讀者傳訊息問我，為什麼他的孩子那麼不聽話？讓他那麼操心？為什麼我的孩子到了青春期，還願意跟我說心裡話？

我在二〇一七年六月開始在《未來family》官網上撰寫親子文章分享時，我的大兒子祐亨是即將畢業的小學生，我們大概在他的青春期前哨戰磨合快兩年了！而這個磨合大多是我的改變，因為我透過大量閱讀知道孩子即將進入青春期，我們的對談越來越多是我聽他說，而他想嘗試的事我也都放手讓他去做。

兩年多後在二〇一九年年底，我出了我的第一本教養書《優雅教養》，書中談到我為什麼可以跟孩子保持那麼好的親子關係，其實最重要的是我們養成了溝通、閱讀和運動、付出、負責、感恩和愛的六大生活好習慣。

每當孩子的成長進入另一個階段，我都會檢視我們這六個習慣要如何調整，才能變成是幫助孩子，而不是阻礙孩子。

回到本文一開始關於讀者們的提問。我覺得可能是父母一直沿用以前對孩子無微不至的照顧方式，但當孩子進入青春期時，如果還是用這種方式對待孩子，就變成可能想控制孩子的方向。而我的管教是陪著孩子認識與探索他自己，進而成為支持與信任他們發展的力量。我後來也陸續書寫了《剛剛好的管教》、《剛剛好的距離》等親子書分享我的教養理念，也在博客來網路書店蟬聯親子類的年度百大暢銷，獲得讀者支持。

孩子現在走的每一步路，都會影響到他選擇的機會，而他每一次做的選擇，也都可能影響未來的發展。父母要讓孩子感受到他對自己的生命與前途是有責任的，就需要在孩子成長的過程中，一再讓他們練習選擇和承擔。

此外，也不要害怕失敗。「籃球之神」麥克．喬丹曾說：「我的人生曾經歷一次又一次的失敗，這就是為什麼我能成功的原因。」當孩子在做興趣探索要錨定未來選讀科系時，也很難一次就精準目標。連我自己都轉過系，換過學院，後來又讀了跟之前科系完全不一樣的研究所。

父母要如何變成孩子在學習與探索上的神隊友呢？除了在一旁靜靜地觀察孩子的生活作息和學習成效，也要定期檢視現在提供給孩子的學習幫助是不是真的適合孩子。

當孩子進入高中面對未來升學的選項，一開始難免會茫然，這時父母多鼓勵孩子去探索是有助益的，不管是修課、社團、擔任幹部、聽講座、參加營隊等。不要只寄望孩子把時間都花在念書上，這不但可能引起孩子的反彈，甚至會拒絕和父母對話。

如果孩子在探索的過程中自有定見，孩子也會希望父母可以站在他那一邊。因為高中的孩子大概都過了青春期初期為了反對而反對父母的階段，他們更希望父母像是「有智慧的朋友」，也許提供他們社會實況的洞見，或是信任他們為夢想放手一搏。

當然，不是考上明星高中才叫成功，也不是擠進頂大才叫勝利，而是在求學成長的路上，孩子有靜下心來想一想：我想成為怎樣的人？我以後想從事怎樣的工作來貢獻社會？我跟父母有良好的互動關係嗎？我有認真了解與發展自己嗎？我有學著為自己做選擇與承擔嗎？當我滿十八歲時，是不是真的可以抬頭挺胸地說：「我是一個能為自己選擇與負責的成年大人了！」只要孩子很努力地認識與發展自己，他在人生的實踐上，就是成功的。

被封為全球教育部長的肯．羅賓森在《讓天賦發光》這本書寫道：「教育的目的是：讓學生了解周圍的世界和自身的天分，以幫助他們擁有充實的人生，並成為有熱情、有生產力的公民。」

當父母能用正向的眼光看待孩子，孩子就會有更好的能量用在學習上，更有自信地發展自己，形成善循環。當親子擁有良善的互動關係，父母的能量對孩子來說，就可以是正向的幫忙。祝福我們的孩子，都可以成為樂在學習與生活的健康納稅人。

謝謝父母給了我生命和愛的能力。謝謝先生和家人支持我們寫作分享。謝謝在人生路上的每一場相遇，謝謝陪伴祐亨走過每一段路的老師、同學和朋友，你們的出現豐富了我們的生命旅程。謝謝時報文化的主編香君邀請我們出書，讓我們母子可以給大家帶來一點幸福生活與高效學習的幫助。更謝謝翻閱這本書的你，讓文字可以持續傳遞知識的善和用心生活的力量。

僅以本書獻給天上的父母以及婆婆，讓愛，永不止息。

作者序2

在我成為自己的歷程中，希望也能幫助你成為「你自己」

林祐亨

綜觀我身邊成績不錯的同學，都有一套自己的學習方法。不同的方法間沒有優劣之分，只要適合自己的都是好方法。如果你目前還沒有很好的讀書策略，不妨嘗試看看我的方法；如果你在讀書時遇到瓶頸，也能參考我的策略，相信我們的想法會碰撞出新的火花，也許也可以照亮你的學習與自我探索之路。

在繼續讀下去之前，讓我先問你幾個問題：你是否了解你自己？如果要用幾件事來代表你走過的歷程，你會想到哪些事情？

這些問題之所以重要，是因為我認為生命中發生的一切都有所關聯，過去的經驗也會影響最適合自己的讀書策略。就我而言，登頂玉山的意氣風發、會考失利的痛苦衝擊（雖然考5A9＋，但沒進入5A10＋的夢幻學校）、單車環島的磨練療癒、竹市全中運代表的心想事成、高三寒假考到機車駕照、高三暑假考到汽車駕照、東歐自助旅行的冒險與探奇，是較能代表這個十八歲的我的幾個關鍵經驗。

希望讀完這本書的你，不但能吸取我的讀書策略，也能再次檢視自己，認識自己，然後可以好好地發展自己、實現自己。

對現在的我們來說，讀書、學習的最大目的是為了考試，這也沒有錯，畢竟在現階段的升學制度下，在大考中獲得好成績能讓我們有更多選擇的權利。但學習僅止於此嗎？我不這麼認為。在我們畢業後、進入職場，甚至是退休後，如果想要讓自己提升，學習是必要的手段。終生學習也是我們需要培養的能力與持續力，所以如果在學生時期就能建立一套對自己有效的學習策略和方法，未來再次面臨學習時便會更有方向。即便日後接觸的內容和現在完全不同，但有過去的學習策略奠定根基，只要稍加修改，便能套用，這一定比從無到有創造出一套學習方法來得更有效率。

如同賈伯斯所說：「你無法預先把點點滴滴串連起來，只有在未來回顧時，你才會明白那些點點滴滴是如何串在一起的。」我相信每個人的生命皆如此。我們常常有不知道為什麼現在要做這些事的時候，但過了一陣子再回頭看，我們便開始發覺當時便是做那些事的最好時機。

我們或多或少都會有自我懷疑的時候，懷疑自己是不是能力不足；懷疑自己是不是靠運氣才有如今的表現；懷疑自己未來是否還能如此幸運？但有時候傻傻地做就對了，不要忽視過去的累積所能帶來的正向效益，那些你不曾想像的優秀表現，很可能就是你過去認為沒有意義的事所帶來的累積成果。我們每一天的努力都會變成日後成長的養分。

在我十八歲的時候，能和媽媽合寫一本這麼有意義與紀念性的書，是我從未想過的事，我很慶幸我做到了。感謝自己抓住機會勇敢嘗試，有動機和動力回顧自己的探索與學習歷程。感謝父母的愛與包容、引導我成為我喜歡的樣子。感謝師長一路對我的賞識和提攜、感謝同儕對我的勉勵與協助。也謝謝正在看這本書的你，希望能為你們親子帶來一點幫助與啟發。期待讀完這本書的你願意給自己一點時間，檢視自己的一切，包括學習方法、對未來的規劃、過去的經歷，以及現在心目中最想完成的事。

這十八年來我過得充實也充滿挑戰，在不停探索的路上，我還在發展自己的可能性。我祝福你回顧自己一路走來的歷程時，也會謝謝自己這麼願意為了豐盛生命而努力。

【陪伴式的學習】

｜第一章｜

父母不焦慮，孩子就會感受到「靜」的力量

——by 尚瑞君

孩子是種子，請協助他長成自己的樣子

我們家室內和戶外庭院都種了許多花卉跟植物，它們都有不同的特性，需要不同的照顧，也有最適合的生長環境。例如：七里香需要修剪，黃金葛不喜歡曬太多太陽，但玫瑰花愛曬太陽。

在種植植物的過程，也常讓我思考跟孩子的相處。每個孩子，都是一顆種子，我們可以當他的陽光、土壤和雨水，但是必須尊重他原本的質地。但每個種子也都不一樣，它可能是喬木，也可能是灌木，更可能是果樹、花樹，或者是小花、小草，不一而足。

你不能期待，檸檬樹結出蘋果；也不能奢求，玫瑰長成喬木。你需要細心灌溉、耐心等待，等著種子長出它原來的本質，也許是花，也許是樹。這期間還需要適時地施肥，和做支架指引正確的成長方向，免得長歪而來不及矯正。因為青少年會受同儕影響，「近朱者赤、近墨者黑」，父母一定要關心和注意平常孩子跟同學朋友的互動。

強摘的果實不甜！讓孩子自己思考讀書的意義

孩子在學習知識的路上，也許都會產生抗拒與疑惑：「我為什麼要學？」「為了什麼而學？」當孩子有這樣的想法時，父母應該要高興，因為孩子正在發展成為他自己，他不再只是過著浮面的生活，遵守著既有的程序，而是開始在思考，他要為什麼而努力？為什麼而生活？我們可以藉由跟孩子對談，協助他認識內在的自己，慢慢成長出他自己的樣子。

而且，孩子的抗拒與疑惑，來得越早越好，因為透過沉澱與設問，孩子才可以了解自己想成為怎樣的人，也會為了自我實現而努力學習。

當祐亨讀國二，有次我們在聊天時，我說：「哥哥，你有沒有發現，從小到大，你們每次月考，媽媽從來都不會逼你們去複習功課？」

他說：「對耶！為什麼？」

我回：「因為媽媽要你們徹底明白，讀書，是為了你自己，不是為了父母。所以即便你六年級時，明明就不認真，成績大幅退步，媽媽也沒有罵過你，而是等著你自己覺醒。在小六的暑假，你透過反思與自省，跟媽媽承認自己當時無心於課業，因為你覺得學校功課太簡單，學起來沒意思。但你也說，國中開始，就會認真功課，你也確實做到了！」

他說：「對啊！自己有興趣與願意念書，才會有念書的動力。班上有些同學，考試只考二、三十分，真的很可惜！」

我回：「是啊！他們基本上可能已經失去了學習的熱情，提早放棄了自己，這不但可憐，也很可惜。如果你是國中老師，看到學生成績這麼低落，你會想要怎麼幫助他們呢？」

他說：「我會找他們有興趣的事，跟他們聊聊。像我不是常常去問生物老師問題嗎？剛開學時，我上課也不太認真。因為老師教的知識，我之前在其他書上都看過了。但是我後來發現，我每次考試都只能考八十幾分，於是我就開始認真上課，才發現老師還是會教一些我沒聽過的東西，我就越來越有興趣問問題，老師還會帶我更進一步去問理化老師，解答我的困惑。老師還跟我說，你不要太驕傲喔！還是要先把現在的功課顧好，有其他心力，再多念些課外書。每個人都有自己的長處和才能，所以如果我是老師，我會跟學生聊他們感興趣的事，這樣他們可能就會有動機去進一步鑽研。」

我說：「你這個方式的確很棒。或許這些同學的強項與課業無關，像是他們在運動、繪畫等方面具有天賦，只要專注在自己的興趣中，能獲得快樂跟成就感，進而產生自信，這樣也很好啊！」

把孩子放到適合的位置，耐心守候他的成長

如果孩子在學習上低表現，低成就，就是沒救了嗎？其實孩子只是缺乏為自己而學的動機。

專注地學習、自動地學習、快樂地學習，是把人的成就拉到不同位置的重要因素。但這些學習也不僅限於學校課業，而是只要孩子有興趣、有天賦，願意花時間去探索的知識與技能，其實父母都可以鼓勵孩子深耕。畢竟在多元發展的現代社會，孩子培養出自己的專才和學習能力，才能適應變化快速的未來社會。

尊重每個孩子的差異性，不要強加與他人一樣的東西在孩子身上，而是陪他找到對的位置。不管多努力教魚兒飛翔，或多強迫鳥兒要學會游泳，不但完成不了設定的目標，可能還會讓他們喪命。

以前我有個朋友，送兩個女兒去學游泳，一個如魚得水，另一個每次都從

頭哭到尾。花了十個月，她不再堅持那個每次哭的女兒繼續學游泳，而是送去學跆拳道。那女兒終於在學跆拳道中，找回學習的樂趣和自信。

還有一位朋友的兒子在填大學志願時，決定填東部的國立大學。媽媽覺得很掙扎，因為孩子要從西部翻山越嶺跑那麼遠去讀書。

她問孩子：「以現在的成績來看，填西部的國立大學也有好幾個選擇，為什麼一定要到東部去念書呢？」

她兒子回道：「媽媽，我們學校有些成績好的同學想拚繁星計畫，當初高中會考成績沒能考上第一志願時，他們就往後填讀後面的幾個志願，到了我念的高中。現在這些人選擇在西部念大學，如果我也留在西部念書，我還是會遇上這群人，這樣不管我再怎麼努力，成績還是拚不過這些人，我不想再重蹈高中時的覆轍了。我想去東部看看。而且我上網去看過那個學校，我喜歡那裡的環境，也喜歡他們開辦的課程，我想去讀。」

還好媽媽尊重孩子的想法，後來她跟我分享說：「雖然學校是遠了一點，開車要開好久，但是坐火車其實也還算方便。重要的是，我兒子在那邊讀書真的很開心，而且人好像也變得比較快樂，更有自信。孩子找到自己喜歡的學校與想讀的科系，真的是比較重要的。」

父母要像園丁，而不是木匠

美國心理學家高普尼克曾用「園丁」與「木匠」來比喻兩種不同的教養風格。木匠式的父母依照藍圖，把孩子打造成自己想要的樣子；園丁式父母則是提供良好的環境，讓孩子自己好好成長。

好多年前有一位北一女的新生輕生，只因為她想讀第二志願的學校，但父母卻覺得她既然可以考上第一志願就得去讀，開學不久孩子因承受不了壓力而輕生，真的讓人不勝唏噓。

孩子的人生是他自己的，當孩子還小，我們依著他的特性提供適合的教養，但慢慢地就應該要讓孩子學習選擇真心喜歡和適合自己的方向，這樣孩子才能為自己的人生做主和承擔，長成自信又有能力的大人。

紀伯倫在《先知》中寫著：「你的孩子並不是你的，他們是『生命』的子與女，產生於『生命』對它自身的渴慕。」父母都希望孩子能成龍成鳳，但強把孩子放到他無法適應的環境，卻可能逼著孩子提早「成仙」，我想這都不是父母想看到的事吧？

孩子需要父母的智慧和善意做引導和支持，特別是進入青春期的孩子，更需要父母的愛與讚賞。不是強加給孩子自以為好的東西就是愛，我們要讓孩子學著去找尋什麼適合自己，找到那個對的位置，讓他對生命充滿好奇和持續探險的動力。

孩子的成長與成熟，都是慢慢累積與進步的，父母不要看到別人的花開了，自己的這棵都還沒有動靜就著急，想趕快看到成果。耐著性子鼓勵孩子探索與發展自己，並多觀察孩子的強項或優點，正向聚焦，就能讓孩子學習看見自己的特質與特長，等到孩子吸收的養分夠了，自然能成長茁壯。

父母想要幫助孩子的心，我懂，要父母尊重孩子的特性發展，聽起來很容易，但真的要克制自己想幫助或指導孩子時，的確是一件不容易的事。我們往往會在內心交戰，因為我們總是覺得自己的生活經驗比孩子多，多幫孩子一點，孩子好像就可以少走一點冤枉路。但這其實都只是我們自己的想像，因為時代變化太快了，父母的經驗不一定適合現代社會的發展。

我們需要練習忍住對孩子的干涉，每練習一次，我們就更能貼近孩子的本質一點，練習的次數久了，孩子也就能在我們面前展現他最真誠與自在的模樣。如果你還是覺得很難，就常常來我的粉絲專頁交流吧！因為大家相互學習和鼓勵，才能讓彼此都活出最好的生命。

成為孩子學習上的神隊友

當初學測二階的成績出爐後，祐亨考上三個頂大的熱門科系，分別是：台大資管正取、清大資工人工智慧組正取第一名、交大電機正取。那時就有不少臉友很好奇地問哥哥平常是怎麼安排讀書計畫的。

關於這點，可以參考祐亨在本書附錄（第211頁）中分享的心得和方法。在這裡，我想站在父母的觀點，談談如何給予孩子學習上的幫助。

孩子的學習都是從模仿與吸收外界刺激而潛移默化的，大人提供給孩子的環境，包含居家環境、父母的言語態度、飲食內容和家庭氛圍等，這些不但直接影響到孩子的身心發展，也會連帶影響語言表達能力、行為模式、處理情緒的調節能力等。

雖然父母不能幫孩子讀書考試，但在孩子探索和學習的過程中，仍能提供他們一些如下列所述的幫助。就如同當孩子的篩子，在淘金時進行去蕪存菁的工作，幫助孩子更了解自己。

一、**創建適合的學習環境**

外環境要提供孩子一個安靜、整潔、沒有干擾的地方讀書，如書房、孩子的房間，或是圖書館、K書中心，以及減少外界噪音和干擾，例如關閉電視、電腦和手機等。

內環境是提供祥和的家庭氛圍，如支持與信任孩子、夫妻之間溫和的互動與溝通等，因為如果父母的關係緊張，也會影響孩子的學習成效。

此外，還要停止心中猜疑的負向小劇場，要相信孩子的選擇。像是我學生時代沒有在圖書館準備考試的經驗，所以祐亨在國中時期一開始去圖書館念書時，我覺得來來回回還要花費交通的時間，而且也不確定這樣的念書效果到底是不是良好。當時我心中有很多的胡思亂想，但我沒有阻止他，決定先觀察看看。祐亨是一個自律能力很強的孩子，他在家吃完晚餐刷好牙就騎單車去圖書館念書，念到八點半圖書館關門後回家，而且成績持續進步且保持在前段，我才漸漸感受到他這樣做真的是有效果的。

其實每一個人需要的念書環境都不一樣，有人需要絕對的安靜，有人需要有朋友一起作伴討論，這需要孩子好好自我檢視與評估，並誠實選擇適合自己的方式。因為有些人跟父母說去圖書館念書，其實是去玩遊戲、交朋友、談戀愛等，父母要觀察孩子的學習成效來檢核孩子選擇的環境，是不是真的有助於他定下心來學習。

二、給孩子需要的幫助

補習、家教、數位課程、參考書、題本，或是同學相互討論等，這些都是孩子提升學習績效的輔助，但要選擇適合的方式才能發揮效果。

此外，如果孩子補習經過一段時間成績卻一直沒有起色，就應該跟孩子討論看看，是不是這個補習班的教法並不適合孩子，畢竟補習班這麼多，其實是可以換其他選擇的。另外，如果孩子覺得補習是為了讓父母安心，但自己的心思卻根本不在課業上，學習心態還沒有準備好，補習班的環境就會變成壓力，反而讓孩子更挫折。或是孩子把補習班當成逃避的擋箭牌，說我都去補習了，那你還要我怎樣？父母聽到這種話，是不是又心疼錢又心疼孩子呢？

祐亨在進入高中前有補數學，但因為他是中途插班進去，要跟上進度有點吃力。上到第二期，我問他要不要試試看數位課程，後來他覺得這種可以自行排定學習時間和速度的線上課程比較適合自己，就停止了實體補習。

父母幫孩子付費的額外學習，一定要定期檢測成效，因為父母花了錢，孩子花時間，這些都是很珍貴的資產，要把錢和時間都花在值得的地方。

雖然一般公立高中的老師不太會盯孩子功課，但其實學校除了課本之外，也都會搭配很多輔助教材來加深知識的深度和廣度。如果孩子可以認真學習教材，再搭配參考書和題本等的練習，真的不一定需要額外補習。

三、幫孩子釐清他的興趣和強項

高中時期是對於未來志向慢慢聚焦的過程。孩子從一進入高中的懵懵懂懂，到高三瞄準目標，這兩、三年的時間就是要孩子想想自己的志趣和強項，再跟外面的世界做比對，看看有哪些想讀的學校與科系，甚至可以接軌未來的工作。

當孩子對一項工作感到好奇、有興趣時，也可以鼓勵他接觸相關工作或科系學習的課程，因為「想像」和「深入了解」之間可能有落差。

像以前餐飲科曾紅極一時，但很多孩子在就讀後才明白，「喜歡吃」跟「學餐飲」是不一樣的。再以我自己為例，我曾立志要讀法律系，但等我從原本考上的中文系轉進法學院，看到法學相關的書本內容，以及學校的實驗法庭，我就發現，其實我並不是真的喜歡法律相關的工作。

祐亨在高中三年就曾對不同領域進行很多探索。當他接觸到股票投資的Podcast節目時，對理財投資非常有興趣，甚至參加台大財金系的線上課程，聽學校畢業學長在投資金融業的講座，但我們也討論過他是否要把這些興趣當作未來科系和職業選項。

後來他也曾對牙醫系有興趣，還查詢牙醫系要念多少學分等，但我問他會想當一輩子的牙醫嗎？他很認真地思考後，發現這似乎也非他夢想的職業，只是如果一旦投注那麼多心力，屆時一定會不甘心放棄，繼而一輩子都困在自己其實並不那麼熱衷的工作中掙扎。這一連串的評估與覺察，讓他深思後再重新探索。

之後祐亨曾跟同學到成大參加電機營，在那次的參訪學習中，他了解電機科系上課學習的內容和未來出路，還做了一個音箱帶回家，不但覺得很有成就感，也奠定要以電資學院為努力的目標。

高三上，學校開設程式設計課程，雖然他一開始上課時，覺得跟其他很早就學習過寫程式的同學相比落後許多，但他認真學習，每份作業都如期完成，不但拉近了與同學的差距，甚至超越同學。他這才發現自己不但喜歡寫程式，也有一點天分，在學測二階做備審資料請老師寫推薦信時也得到很好的評價。

四、提供支持和鼓勵

小時候，我父親會給我們成績達標的獎勵制度，達到標準父親會很開心地發放獎學金；但即使沒達到標準，父親也從來不會責怪我們，這讓我對跟父親領獎金留下很美好的回憶。

在兒子們開始念小學後，我也制定獎勵制度，就是沿襲父親的做法：第一名獎金五百元，第二名三百元，第三名兩百元，他們也很開心在成績達標時能領獎金，成績沒達標就勉勵自己繼續努力。這樣讓孩子慢慢感受著父母用善意給予愛的鼓勵和支持，也累積自己的學習能力和自信。他們在家裡一路從小學領到高中，甚至也可以領到外面提供的獎學金。

獎勵制度只是一種中性的制度，只要不用制度來傷害人，我覺得父母可以用健康的心態來看待，給孩子一些實質的鼓勵，也是親子之間甜蜜的回憶。

像我現在鼓勵孩子儲蓄，他們存多少錢，我就多存一份同樣的錢進入他們的帳戶。目前暫定存到他們滿十八歲成年為止。

五、不要打擊孩子的士氣

不是努力就一定會有好成績，這是很殘酷的事實。進入中學後，有時候孩子明明懂了、會做了，但考題真的很難，孩子就真的剛好不會。尤其是在高中階段，有些明星高中的老師特別喜歡出刁鑽的難題考驗學生。而學測二階的考試，頂大醫電學院的考題也特別難。

孩子有沒有努力，其實他們自己心裡最清楚，父母能做的是和善地陪伴、耐心地等待，不要打擊孩子的士氣，要守護孩子願意學習的信心與毅力，相信他們會為了自己付出努力。

六、不要用「命令」的口氣叫青春期的孩子去讀書

我要特別提醒爸媽們，不要用命令的口氣叫青春期的孩子去讀書，因為這對孩子來說像是不信任他的訊號，那會讓孩子更不想讀書。

當你看見青春期的孩子好像在發呆，或是在用3C產品，很怕孩子浪費寶貴的時間，隨口叫孩子趕快去讀書時，是不是往往引發孩子大爆炸呢？

其實，不管孩子是四點多回到家，五點多回到家，甚至是晚上補過習後九

點、十點才回家，孩子都很累了，讓他們先休息一下吧！

當青春期的孩子聽到父母叫他們去讀書時往往會很反感，為什麼呢？因為他們會覺得：

- 父母不信任自己，父母不相信孩子也知道讀書很重要。但事實上，孩子有他們自己的節奏。
- 父母以為自己沒在讀書，有被誤會的感覺。
- 學習成效不好，信心已經低落，又被強迫讀書，心裡會更嘔。

這些不被了解甚至被誤解的心情，會讓他們很不爽，原本想去念書的心可能都靜不下來念書了。當心不能靜下來，即便坐在書桌前，也讀不下書的。

面對青春期的孩子，父母盡量把他們當成室友，從旁觀察與關心就好。不然父母說的話，如果帶著命令或質疑，往往會被孩子當成挑釁，即便是關心，如果過度，也會讓他們不舒服的。

青春期孩子的心是很躁動的，更需要父母安定與穩定的力量。多聽孩子傾訴和分享，在這些過程中協助孩子沉澱下來，看清自己，再慢慢走出自己的方向。

「分數」與「期待」，是親子最容易發生誤解的兩件事

有些父母會對孩子說：「你考幾分不重要，我在乎的是你的學習態度。」

你也這樣跟孩子說過嗎？

這句話乍聽很正常，很寬容啊！但在孩子的解讀過後，可能就會變成：「我爸媽說分數不重要，所以連帶的是其他也不重要。」

為什麼會這樣呢？因為孩子的大腦還沒有發育成熟，他們不理解「態度」是什麼，那太抽象了！而分數是幾分，數字就寫在紙上，是很具象的呈現。

孩子覺得父母不在乎具象的東西，只在乎抽象的態度，因此「分數不重

要」的這個概念，會讓孩子以為這是父母給自己的免死金牌。尤其是剛進入小學就讀的孩子，如果父母說不在乎分數是為了不想讓孩子有壓力，但這份好心，卻可能讓孩子誤以為考幾分都沒有關係。

別再說「分數不重要」

身為代課老師，在教學現場，我看過很多孩子不複習考試，笑嘻嘻地說：「我媽媽都說她不在乎分數，只要我過得開心就好！」

生活得快樂，固然很重要，但孩子表現出的態度，真的是你在乎的那種「態度」嗎？

不要再跟孩子說分數不重要。父母可以不用斤斤計較孩子每次考試的分數，但一定要陪著孩子檢試分數後面代表的意義。

父母也常常會跟孩子說：「我對你沒有什麼期待，你做自己，開心就好！」他們的好意，是希望孩子可以充分展現出自己的本性與特質。

但你不覺得這句話哪裡怪怪的嗎？

我們回頭想想，如果在成長過程中，爸媽跟你說「我對你沒有期待」，你會有什麼感覺呢？我問過很多大人，他們聽到這句話，都會覺得心裡有點受傷的感覺。因為不被父母期待的孩子，就像是不被父母看好或看重的孩子啊！孩子會認為：「父母對我沒有期待，是因為我不值得被父母期待嗎？我可能真的不值得被父母期待吧！」連我們大人聽到不被期待都會有受傷的感覺，更何況是還在成長中的孩子，他們不但不覺得自己可以自由發展，反而會覺得因為不被父母期待與看重，甚或也會看輕自己。

分數與期待，這兩件事沒表達清楚，真的會引起親子間的誤解啊！

孩子不是縮小版的大人，而是知識與智慧都還在學習與累積階段的小孩。父母對孩子的觀點，會對孩子產生很強烈的提示效應，畢竟孩子一開始對自己的認識，就是從外界對他的說法和互動而來。

千萬不要再跟孩子說分數不重要了！分數當然很重要，那是現實教育制度中，大家普遍接受的評鑑方式。只要我們不是用打罵、對孩子少一分打一下的方式羞辱，而是陪著孩子檢測學習的過程與成效，對親子來說，考試的分數都是很重要的參考。

考試成績與考試後的結果有下面幾種情況：

- **孩子會，同時也寫對**：這個學習就是孩子帶得走的知識，只要持續複習就不會忘記。
- **孩子不會卻猜對了**：這個好運讓孩子得分，但孩子還是需要記住知識點。
- **孩子會，但卻粗心寫錯**：孩子粗心，有可能是緊張或複習不確實，這可以跟孩子討論如何改善。粗心當然不是好習慣，而細心是可以藉由練習慢慢培養出來的。
- **孩子不會也寫錯**：只要孩子確實訂正，知道自己「為什麼錯了？」「錯在哪裡？」就可以從錯誤中學習。

把知識變能力，才是考試的意義

進入高中，孩子的考試內容不但變得更多，還會出現多選題、倒扣題。

有一次跟當時讀高一的弟弟竑勳在聊天時，他說：「媽媽，高中有多選題，那多選題中會出現單選題嗎？」

我說：「我記得以前我們的學生時代，多選題如果選錯了，不但沒得分，還會被倒扣分數，以前我還會把倒扣後會得幾分的算法背起來。如果多選題中出現單選題還真殘忍，因為學生會覺得是多選題，就算覺得答案只有一個，也會想再找出另一個答案，好像才符合多選題的定義。只是我不知道你們現在考試裡的多選題裡會不會也出現單選題耶。」

他說：「對啊！不知道學校考試會不會在多選題中出現單選題，也不知道學測考試會不會這樣出題目，考多選題真的好怕被倒扣啊！」

沒想到我們那一次的談話言猶在耳，弟弟在剛升上高二後就遇上這樣的考題，他回家後說：「媽媽，真的在多選題中出現單選題耶！老師說因為他希望我們記熟、讀通、不要亂湊答案。但他也說只有學校考試會在多選題中出現單選題，學測考試不會這樣出題，否則會被罵翻！」

我說：「對啊！我還記得我的國中老師說選擇題的答案會平均分配在四個選項中，不會哪一個選項特別多，所以如果真的不會要猜答案時，可以看一下其他答案哪些較多或較少，平衡一下。這次多選題中的單選題，有讓你掉入陷阱裡嗎？」

他說：「有啊！在答題時我雖然覺得怪怪的，但還是覺得多選題只有一個答案不太好，所以又多選了一個，這樣就被倒扣了，好冤枉啊！」

我說：「真的好冤啊！但難過一下就好，只要把這個內容讀懂記熟就是你的收穫。而且至少你知道學測不會這樣出題目考驗學生，就比較安心一點了。」

考試前的準備，考試中的機運，都會影響考試的分數，但考完試面對考卷的態度，卻會影響學習的後續。我們在乎孩子的學習態度，就要引領孩子慎重面對每一場考試，在考試前用心準備，在考試中冷靜應答，在考完試後確實訂正，這樣的態度，才能讓孩子體會在學習的知識是不是真的變成自己可以帶得走的能力。

後來，在第二次月考時，弟弟的考卷上又出現多選題中的單選題，這一次他記取之前的教訓，很確定沒有其他答案而不再勉強多選。當他回家跟我分享經驗時，臉上對知識點自信的掌握神采，正彰顯著青春會記取教訓而累積出智慧的美好。

每一個分數都有原因，每一種期待也都有意義

有一次去高中舉辦講座，我請大家閉起眼睛回想第一次把孩子抱在懷裡時，我們在想著什麼？我們是不是大多希望自己可以好好愛孩子，希望孩子可以平安健康長大呢？現在我們的孩子變成高中生了，我們的期待有沒有改

變呢？大部分的家長都舉手表示自己的期待改變了！

的確，父母怎麼可能或怎麼可以對孩子沒有期待呢？但重點是，當父母的期待落空時，父母要如何消化那種失落，而不把失落的情緒變成武器拿來指責孩子呢？記得去年看到台大電機系畢業典禮的畢業生致詞，最後他說道：「謝謝我們的父母沒有逼我們去念醫科」，引起現場一陣心有戚戚焉的笑聲，這其實說明了過去很多父母都期待會念書的孩子可以去當醫生。但現在這樣直線型的期待是否有鬆動呢？現在父母是否不再逼迫會念書的孩子一定要從醫？或是不會念書的孩子就不值得被父母期待嗎？其實在孩子的心中，還是希望自己可以被父母看好、被父母重視吧？

「分數」和「期待」這兩件事，當孩子進入高中後，更要以寬容與賞識的眼光來看待，因為不能只看分數的高低，而是要看孩子在班上和校內的相對位置，還要特別觀察孩子高分的強項，因為這可能會是他日後選填科系的參考。而對孩子的期待，更應該要回歸到孩子可以好好自我探索與發展，讓孩子知道父母希望孩子可以活出自己喜歡的人生。

不要放棄你的孩子，「分數」是一種重要的參考；也不要輕忽你的孩子，「期待」是父母看待孩子的眼光。在這樣的前提下，我們可以對孩子有期待，但不能把期待變成孩子的壓力，因為父母的期待是自己對孩子的想像，然而孩子可能有不一樣的發展模樣。

此外，也不要把期待限定在世俗的標準，這樣反而會限縮孩子的發展，因為會讀書的孩子不一定要從事電資醫牙才是最好的選擇，而是可以運用「會讀書的能力」鑽研他有興趣的項目，實現他自己的成就。

其實父母怎麼認定孩子，孩子往往就怎麼做，因為大部分的孩子都希望得到父母的肯定和信任，多給孩子正向的賞識是最好的祝福。

我一直很愛很愛我的孩子，也一直很重視很重視我的孩子，他們一路有良好的學習成效，但偶爾也會有考不好的時候，這時我不會責怪他們，也不會跟他們說分數不重要，而是會問他們那些錯誤的地方有學會、學懂了嗎。

兩個兒子年幼時都曾經問我，他們在我心中的樣子，我跟哥哥說你是媽媽的驕傲，對弟弟說你是媽媽的榮耀，兩個人都很高興，但又問我那驕傲跟榮耀不是一樣嗎？是一樣，但也不一樣。一樣的是，他們都是我最愛的兒子，不一樣的是，他們的個性和特質不同，我也用不同的方式，給他們剛剛好的愛與管教。現在他們長成優秀的青少年與成年人，繼續當著我的榮耀與驕傲。

給中學生的時間管理術

祐亨升上高二時，當時正值疫情居家上課期間。在家開線上班親會時，班導師跟各位家長說：「我告訴孩子們，現在最重要的事，是要學會時間管理。」因為學生們沒有到學校，老師很難檢視孩子的學習狀態和成效，而且進入高二後，在課業難度和廣度上，也和高一有很大的差異。

老師的用意，除了是提醒學生時間管理的重要性之外，也希望父母能陪著孩子自我建立時間管理的能力。

上課專心聽，比補習更重要

進入中學後，孩子在學校的時間更長，有些人甚至從學校放學後就直接到補習班繼續補習。父母能看到孩子的時間很短，也不知道孩子的時間是否都有充分利用。

但基本上，我並不鼓勵家長急著把孩子送去補習，因為補習班大多是超前的進度，這樣會讓孩子覺得在補習班聽課就好，而疏忽了學校的上課，這其實是本末倒置的。

孩子在學校的學習時間最長，養成在課堂上專心聽課、認真學習的習慣其實更重要。如果還是跟不上進度，才需要補習、家教，或進行線上課程等補助措施。畢竟補習很花錢也很花時間，也不是用花錢補習來買心安。

每次會考或學測成績放榜時，都會有未參加補習卻仍考得很棒的孩子分享自己的經驗，說都是充分利用在學校的時間認真學習，放學後大多再到住家附近的圖書館繼續念書、做題目。

像祐亨在國一時就發現，雖然他很喜歡生物課，但因為那時上課不夠認真，考試成績好像也只能在八十幾分徘徊。後來他自我要求要專注上課，成績就慢慢往上提升，這讓他發現在學校專心聽講是最基本，同時也是最重要的學習法。

七大面向，檢視時間流向

不是花越多時間念書就一定有更好的成績，而是在念書時要將所學的知識充分理解、吸收、記憶，並且消化運用，才能面對現在越來越靈活的考題類型。

曾看過這樣一段話：「我們沒有改變時間長度的能力，但是可以決定事情的優先順序。」的確如此。那麼，除了讓孩子知道「上課專心聽講」是王道之外，還能如何幫助他們有效運用時間呢？父母可以建議孩子做這樣的安排：

一、制定計畫，列出待辦清單

每天制定一個計畫表或日程安排，列出當天需要完成的預習、複習和寫練習等。當孩子按照計畫完成進度時就打勾，這可以幫助孩子有組織地管理時間，確保重要的事情都有做到。

二、設定課業與自我探索的目標

為自己設定具體的目標，並確保它們是可衡量和可實現的。例如，設定自己每一次的考試成績要達到幾分、要花多少時間準備這一科的考試……等，這樣有助於保持專注並有效地管理時間。

另外在周末假日，甚至是寒暑假等長期時間，可以安排一些志趣探索的課程或營隊進行多元學習，藉由這樣的方式發現志趣，慢慢鎖定未來大學想念的科系目標，也能為學測二階需要的資料預做準備。

三、依照學校的作業時間，避免拖延

每個人都有惰性，一旦休息、鬆懈下來，時間更在不知不覺中流逝。要學會克服拖延症，可以把在家的時間當成在學校的方式管理。比方用功念書寫題本五十分鐘，下課休息十分鐘，時間可以利用鬧鐘、手機等來設定。不要一直高強度地用功，鬆緊有度才能持續走遠路。

如果發現自己傾向於拖延，要試著找出原因，只有誠實面對自己，並使用一些策略來克服拖延，如設定截止時間、將任務分解成數個小步驟、建立自我獎勵機制等。只有持續前進，我們才能到達想去的遠方。

四、勞逸均衡，妥善分配時間

將時間分配給不同的活動和學科，確保在每個學科中都有足夠的時間學習和準備，但同時也要留出時間休息和參與課外活動。

休息是提高效率和專注力的關鍵，勞逸均衡，才會讓孩子生活平衡。

不要看見孩子休息就擔心他們是在偷懶，中學生在學校上一天課回家時常常已經很累了，有時候先小睡一下再用功，也是很好的調劑方式。

回顧高中三年，祐亨在讀書和休閒的時間比例也有做階段性的調整。

- **高一是探索與認同期**：從參與學校活動中找自我的歸屬和定位，並配合學校的考試安排讀書時間和計畫，在假日時會有娛樂和外出時間。
- **高二是持續探索與更用功讀書**：高二分組後，三類組的課業比較繁重，假日出遊的機會減少，花比較多的時間在課業上。
- **高三是設定目標努力衝刺**：高三設定考電資學院的目標，除了偶爾參與探索營隊和約會外，幾乎都把時間花在讀書上。特別是學測前向學校請長假參加考前衝刺班，這十幾天是從早上到夜裡，一天十二個小時幾乎都在補習班讀書，等回到家休息一下就睡覺。

五、預留彈性，避免過度排程

過度排程容易導致壓力和焦慮，並影響效率和學習效果。畢竟生活中有很多不可預期的變數，孩子也不需要把自己逼得太緊，要留一些彈性的餘裕，在高度專注後休息放鬆幾分鐘，是比較健康的方式。

六、利用有效的學習方法

使用高效的學習方法，例如主動學習、在課堂上提問，或是複習時用自問自答的方式加強理解與記憶，或跟同學討論等。另外，利用畫心智圖、做筆記等方式將學習的知識結構化，這在日後也有助於複習，並節省時間。

現在強調素養教學，就是希望打破各科的壁壘，讓學生所學的知識可以變成能活用的智慧，這在學習上要找尋主題的關聯性，例如將學習內容與自己已有的知識和經驗做連結。找到學習內容與現實生活或其他學科的聯繫，可以更深入理解和記憶知識。

此外，還有如下的幾點提醒。

● **不斷複習**：定期複習學習內容，這有助於鞏固記憶，並具有提高長期記憶的效果。像是使用複習卡片、筆記或總結，定期回顧和複習。

● **尋求幫助**：如果在課業上遇到困難或不理解的地方，不要害怕尋求幫助，找老師、同學、家長，甚至上網找尋解答等，都有助於更快克服困難。但要注意，如果是用網路找尋答案，在找相關資料後就要放下三C產品，免得被其他內容吸引而花費太多時間。

● **幫助同學也能幫助自己複習**：我告訴過孩子，如果同學有課業問題問他們，他們可以教同學。我在過往的學生時代中體悟到：當我把自己會的知識教同學時，自己好像也複習了一遍，更不會忘記。而且，我們願意教同學，之後當我們有問題請教同學時，對方也更願意分享他的讀書和學習方法，這樣不但學會了知識和學習法，也鞏固了友誼。

七、自省時間管理是否滿意有效

自省，是讓自己進步的一個好方法，因為只有自己知道做這些學習的效果是否有達到預期的目標，也能藉此檢視一天的時間都花在哪裡，這就好像要記帳才能看見錢花到哪裡去了。

孩子大多會覺得時間還很多而輕忽光陰，往往在不知不覺中過日子。可以請孩子在睡前回顧一下一天的生活，覺得有按照自己的學習計畫與進步時，可以謝謝自己這麼努力；覺得沒達到目標時也可以自我勉勵，期許明天要更努力一點。

同學不是競爭對手，而是學習夥伴

我常常會和孩子們分享自己成長的經歷。

我曾跟孩子提過，在我剛進入國中新生訓練時，班導師因為要按照身高排隊形，排到我時，她笑著對我說：「妳最高，妳當班長吧！」一邊說一邊把我拉到隊形外，站在整班的旁邊。

那幾天當班長的日子，給了我很大的成就感和自信心。因為小學三年級時我曾經跟媽媽、妹妹和弟弟，有過一段居無定所的流浪歲月，甚至目睹母親在海邊險些輕生，終於結束流浪回家後，母親又反覆離家出走，讓我的個性從小就內向又封閉（這段童年經歷可參看我的書《淬鍊幸福》）。

開學後我被選為衛生股長，班長改由一位從國小就常當選班長的女生擔任。因為在當股長時獲得老師的肯定，我也在課業上取得好成績，下學期便擔任班長。國一結束前結算成績，我跟另一位女生被編入女生特優班。

進入國二，雖然同學都是各班前幾名的佼佼者，但我覺得讀書很充實和開心，也會經常主動教同學做數學題目。那時有同學跟我說：「妳跟其他同學不一樣，我們問妳數學，妳都會教我們，但其他同學常都只說她也不知道怎麼會算對的。」

其實，那時我很不喜歡看見教數學的班導師生氣，會打網球的她，一旦拿起棍子打人，是被打一下就會出現一條淤血的。看見老師生氣罵人，我會難受；而把自己懂的教會同學，卻會讓我開心。我也沒想過競爭的問題，因為在女生特優班裡前幾名的同學，永遠是那幾位。

教同學解題，讓我在青澀的國中歲月，過得充實愉快且擁有好人緣，日後我也考進了第一志願的高中。

一起成長，變得更好

有位從北一女中畢業的朋友分享自己的成長歷程時曾說：「就讀北一女中時，我遇到了很多優秀的同學，我發現自己再怎麼努力，都比不過她們。雖然有時會氣餒，但同時也會鞭策自己要更加油。」

環境與同儕，對孩子的學習影響深遠，但父母的氣度與胸襟，對孩子的影響更是巨大。在學校學習，因為有競爭與比較，家長如果只希望自己的孩子好，而害怕別的孩子變成競爭對手，會讓孩子無法以真心交友。同學之間，就像是公司裡的同事關係，雖然升遷可能有競爭，但也應該互相幫忙與支援，這樣才能提升公司業績，同時也讓彼此都成長與進步，而變成更有能力的人。

祐亨讀國一時，生物成績很好，他常常會教導同學，甚至因為大量閱讀，讓他的科普知識也會成為其他科任老師詢問的對象。但他的數學成績，卻往往拉垮總成績，這讓同學好奇地問他：「你小學時，數學也很好，為什麼會在國中時卻變成你的弱項呢？」

是啊，為什麼呢？

其實，這是因為他從小學高年級開始，算數學是用計算機，複習數學都用「看」的。對於這種學習數學不切實際的方式，在幾個同學的關心下，讓他痛定思痛，開始認真算數學，也跟同學一起討論題目。在大家互相合作之下，他們班的讀書風氣正向而積極，在校排中都有不錯的成績。

當孩子們的榮譽心，內化成「大家要一起變好」，跟同學就不僅是競爭對手，而是要共同更好的夥伴關係。雖然不是每個人都喜歡讀書，但是每個人一定都有他的優點與強項。

祐亨的同學中有人成績不好，但舞藝超強，他們會一起練舞，在學校表演

ＢＴＳ的舞蹈時得到好評。我跟他說：「要多鼓勵成績不好的同學，讓他發覺自己的才能，多建立一些自信心，不要以為書讀不好就是無用之人。同學之間的鼓勵與打氣，有時比父母苦口婆心的說教還有效。」

像弟弟竑勳就向哥哥學習，在進入國中後，晚上吃過晚餐也會去圖書館念書，他的同學知道後，也跟著這樣做。弟弟國中時期，幾乎一直保持在班排第二名的位置。有一次他問第一名的同學說：「為什麼妳都不會因為粗心而寫錯呢？」那個女生跟他說：「因為我會檢查啊！」他那時才知道同學花了很多時間補習、做題目，所以在考試時可以比較快速地作答，還有時間可以檢查，但他不想花時間補習，做的題目也不多，只能要求自己更細心一點。

社會要良好運作，需要各式各樣的人才投入心力，不要讓孩子從小的價值觀只侷限在「會讀書的人才有用」，而是讓孩子建立起「要把自己做好」的榮譽心。世界是充滿競爭的，那競爭不僅是來自對手，更大的競爭對象，是自己的心魔。如果孩子害怕同學考得比他好，而讓自己好像顯得比較差、比較弱，那是他沒有認知到求學是為了增進自己的能力與發現自己的才能，並不是要和同學做比較。

多年前，在中國大陸曾經發生一場讓人悲嘆的社會新聞：一名國三男學生，在考試中向來都是第一名，更是校內出了名的學霸，不料卻在一場考試中輸給了自己的同學。他疑似無法接受變成第二名的結果，竟在下課後尾隨考第一名的同學，當場持刀狂砍對方十三刀致死。

只把同學當成競爭對手，真的可能讓青春變調、變色，甚至毀了自己或是別人的一生。希望父母和孩子，都能把眼光放得更遠，把心胸擴展，不要只計較分數和排名。

孩子如果能在求學階段，多看見同學的優點與特質，敞開真心跟同學互動，其實可以交到一些心意相同的朋友，這樣在求學的路上也不會覺得那麼孤單。

共好，才能同贏

要一起共好，是現在在團體中大家慢慢接受的觀念。在共好中，大家一起成長，各自付出能力與貢獻，獲得想要追求的價值與幸福，有時雖然難免有衝突與競爭，但是，在競爭分出勝負之後，就應該握手言歡，化干戈為玉帛，繼續在團體中創造價值與進步。

不要拿孩子的弱點去比別人的強項，父母應該幫孩子找出強項，讓孩子用這些特質去幫助別人。當孩子覺得自己可以幫助別人時，那種「我能夠」的自信心和自我效能感，會讓孩子覺得自己的生命很有價值，也會激發他更努力的上進心。

我常常跟孩子們說：「我們現在撐著社會的發展與前途，以後就要靠你們撐著。你身邊的每一個朋友或同學，都要在日後可以安居樂業、誠實納稅，過上覺得自在與舒服的生活，你們的未來才會美好，而不是只有自己好就好。」

父母要引領孩子看向更遠的前方，而不是一再斤斤計較這次考試考了多少分，贏了多少人，還是輸了多少人，這些都只是學習的片段。要讓孩子知道，自己一直都在進步，也越來越有能力幫助別人，這樣在群體生活中，才能真心感受到互助合作的美好。

美國發明家富蘭克林曾說：「我們享受著他人的發明給我們帶來的巨大益處，我們也必須樂於用自己的發明去為他人服務。」也許我們並未發明什麼新東西可以幫助別人，但我們要跟大家一起共好的善心與努力，對社會絕對是有益無害的。

特別是孩子進入高中後，在大學端有那麼多學校和科系可以選擇，孩子其實一開始也可能會茫然而無所適從。如果可以跟同學在課程互動中、在社團摸索中、在參加各式活動中多探索與欣賞彼此，或許也可以幫助自己找出未來大學想就讀的方向。

像祐亨在進入高二後，有位同學（就是在本書撰寫推薦序5的貫禎）因為想考醫學系要創辦醫研社，他邀請祐亨一起加入，祐亨考慮過後雖然因為不想考醫學系而婉拒，但他們兩人卻成為相互砥礪的好朋友。對方也鼓勵他，如果還沒有找到想念的科系，就先以考上台大為目標吧！後來他們兩個學測成績相同，但同學想拚台大醫科，所以繼續準備七月的分科考試，最後也得償宿願地考進台大醫科。

懂得賞識別人，看見別人的好，是一種很重要的能力，但這種能力並不是天生的生存本能，而是要慢慢學習去發現、去感謝。如果孩子能在學生時代開始培養這種發現別人優點或特質的能力，等到日後出社會工作，才可以在大千世界裡更積極、熱情地參與和學習，不會淪為見不得別人好的魯蛇或酸民。

【教養的日常】

| 第二章 |

那些「看不見」的能力，比成績更重要

by 尚瑞君

孩子不主動幫忙？先從「叫得動」開始

孩子是父母的鏡子，他們的言行舉止都會輸出父母過往教養的輸入。但是到了青春期，孩子會變成一種特別的生物，產生很多莫名其妙的改變，不再是那個父母說什麼就做什麼的小孩。

例如，孩子原本小時候都很喜歡幫忙的，但是到了青春期，他們的荷爾蒙改變了，他們忙著探索與發展自己，他們的世界也會從原先關注家人的動向，變成眼中、心中只想到自己的人，他們的世界是「我最重要」。如果你沒有提醒他注意到家人的需求，他真的沒辦法想到這麼多，因為這是大腦慢慢發育的進程，讓孩子要從家庭的群體走向個體的分化。如果父母需要幫忙，真的不要等孩子自己發現，而要說出來，告訴孩子去做。先從「叫得動」開始，才會讓他們慢慢變主動。

「叫得動」之前要先教

在哥哥祐亨還在讀國一時的某天，我們一家四口去大賣場買生活用品，我把私人東西放進車子時，發現兩個兒子已經坐進車內。我對他們說：「以前你們年紀小，爸爸媽媽要你們先進到車子裡等我們放東西，現在你們年輕力壯了，要幫忙把東西放進車子裡。」

哥哥表示：「媽媽，妳之前沒有說。」

我說：「對！我之前沒有說，但媽媽今天說了，下次要記得幫忙！」

那時尚在讀小五的弟弟則告訴我：「媽媽，我們剛才在弄停車券的事。」

我說：「好，謝謝你們幫忙弄停車券。但下次記得要幫忙把購買的東西放進車內，這樣大家一起做比較快，就可以早一點回家。等一下到家也要記得幫忙提東西上樓喔！」

青春期的孩子很怕說教，但是需要提醒與讚美。當他們幫忙了，要記得表達謝意；當他們沒注意到需要幫忙的地方，也要父母適時及適度地提醒。

回到家先生停好車，他們兩兄弟上上下下跑了兩趟，才把採買的東西全部從一樓搬上二樓，接著跟我一起分類，擺放到固定的位置。

很多父母覺得孩子到了青春期很難相處。的確，這個時期孩子常常變來變去的情緒就如春天的天氣般不穩定，他們忽晴忽雨忽熱忽冷的態度，會讓父母很害怕被孩子突發的情緒傷到，我也時不時會無辜踩到青春期孩子的情緒地雷，有時也只能先逃離求保命。

但該教孩子的還是得教，該溝通的還是要溝通，不能只覺得孩子已經長大了，應該自己要會、要懂。

父母不要直覺認為孩子知道「該怎麼做」

跟青春期的孩子相處，很多教養模式要打掉重練，找到新的動態平衡。因為他的世界以自我為圓心，需要更多的尊重和自由；但同時也需要父母適時提醒與引導，他才可以在身心靈最混亂的時刻，還是走在正向的路上，發展與發揮自身的能力與存在價值，並對自己的個體性負責與付出，長出完整的自己。

當你需要孩子幫忙，就直接開口。他也許會跟你說：「很煩耶！」你就說：「對！我也覺得很煩，但現在我需要你的幫忙，雖然很煩，但我們還是要把事情做好。」被要求幫忙，每個人都可能會產生情緒，我們可以接受彼此都有情緒，但「事」還是要做，這就是生活上的課題分離。

生活中有太多的細瑣、煩躁，甚至突發狀況，不是我們能幫孩子擋掉的，孩子越大越要接受生命中許多的幽微與細節，而不是都讓大人幫他遮風擋雨，以為生活理所當然要風和日麗。

讓孩子學著偶爾把眼光放在家人的需求之上，他才會漸漸主動多參與家庭生活的互動，更精進日後自己獨立生活的能力與自信。

哥哥念高中後，我們要出門打牙祭時常常是讓他先找餐廳預約訂位，偶爾他也會下廚做菜給家人品嘗，他們兩兄弟也習慣幫忙搬東西做體力活。哥哥在成為台大新鮮人前的高三暑假，我們全家去義大利旅行期間，要處理退稅的事情就都交給他處理。

孩子養越大真的會越能幹，但平常一定要多讓他練習做，才能在練習中累積經驗和解決事情的能力。有一個方法能減少請求孩子幫忙時被拒絕，就是先問他：「現在有空嗎？」或是先預約孩子的時間，告訴孩子何時需要他的幫忙，一方面讓他先有心理準備，另一方面孩子也會覺得自己的時間有受到尊重。

多理解就能減少誤解

我們需要孩子幫忙時要懂得開口，同樣地，父母也要懂得聽孩子說話，並接受孩子說實話，這樣才能夠真正幫到青春期的孩子。此外，觀察親子經常發生衝突的內容和時間點，這樣就很容易發現孩子的「地雷區」。

就事論事，是跟青春期孩子說話的重點。如果因為急著批判或教訓孩子，孩子只會本能地防衛與攻擊，造成更多摩擦與衝突，甚至很有可能開始跟父母「說假話」來營造「乖小孩」的形象，來避免被父母嘮叨。

很多諮商心理師會撰文分享他們在中學輔導室遇到的孩子狀況，一些文章中提到孩子表示父母聽到真話都會有很大的情緒反應，而孩子往往無法應付父母的情緒。其實他們未必想說謊，但為了避免讓父母情緒激動，所以只好選擇說父母想聽的話。

祐亨有一次在高中時跟國中同學碰面後回家很感嘆地跟我說：「〇〇說他

很不想在他媽媽面前說謊，但因為他媽媽不能接受，所以他還不知道要如何跟他媽媽說實話。還好我在國中的時候就告訴自己，不要對妳說謊！」

那時我深刻體認到，中學孩子面對該怎麼跟父母說內心話，真的有很大的壓力。

而祐亨之所以說他不想對我說謊，也是有原因的。他在小學高年級的時候很排斥算數學，每次考試都因為數學考不好而拉低成績。我看他明明是不用功，但他都說自己是因為粗心。但當時我並未反駁與指責他的說法，因為我了解自己的孩子，我知道要等他願意承認並面對自己的問題。上國中後，他主動告訴我他在國小時想用自己的方法學數學，但就是考不好，因此他選擇用「粗心」的說法，來讓我接受他「數學成績差」的事實。但我並未因此否定與責罵他，反而讓他願意自省，也知道向父母坦承錯誤，並不會被懲罰。

父母會只希望孩子在我們面前「演」一個聽話的乖小孩嗎？前一陣子我為了分享「如何拉遠孩子與惡的距離」的這個講座題目，找了很多資料，發現現在社會對青少年來說，真的充滿太多誘惑。如果孩子不能跟父母，這個他應該要信賴、也能夠信賴的大人說實話，尋求解惑，那真的可能會在情感、金錢，甚至毒品、犯罪等方面發生誤入歧途的危險狀況。

父母希望青春期孩子幫忙時，要明確地開口；而希望自己可以幫上青春期大孩子的爸媽們，更需要讓自己有一顆寬容的心，和能聽實話的耳朵。當我們陪著孩子長大與協助他們社會化時，慢慢長大的孩子，其實跟父母就變成了可以相互幫忙的對象。一如我在《剛剛好的距離》書中寫道：「當你可以跟孩子在父母、成人、子女三種角色中自由穿梭與變化時，孩子跟你，都會成為家庭及社會需要的好大人。」

「愛」是向上的驅力
——當高二的孩子交了女朋友

多年前，我跟一群朋友於周五下午在Clubhouse上分享教養觀和媽媽經，那一集節目談到孩子交男女朋友的問題。

有位聽眾在線上問我：「從妳的談話中，我可以感覺到妳們母子關係很好。我假設一個問題：如果以後妳兒子的太太或他交往的對象妳不喜歡時，妳會如何處理這件事呢？」

我回答對方：「我不會隨意評價孩子的朋友，而且我很愛我的孩子，也很喜歡他們。就我跟他們相處累積的習慣和經驗來看，我相信我孩子喜歡的對象，我也會喜歡的，我不會把自己的能量用在假設討厭孩子的交往對象上。」

孩子的戀愛課題，父母遲早都得面對

父母是不是會想像孩子未來交往的對象呢？

我偶爾也會想像一下。畢竟孩子在成長的過程中，有誰喜歡過他們，或是他們喜歡過誰，他們也曾經跟我分享。而且進入青春期後，開始想談戀愛是很正常的身心發展。

只是，不管我們想再多，預演的情境再多，當我們真的知道孩子在交往異性朋友時，那當下的感受真的是無法預習的！

還記得那一晚我跟先生要到台北參加跨年活動，當時讀高二上的祐亨也要出門，之前他有說過跟朋友吃飯後要和另一位國中同學去跨年。

我們在二樓的客廳拿口罩準備出門之際，我聞到他身上香香的味道，好奇地問：「你要去約會啊？」

他說：「對啊！」

我試探性地問：「你有女朋友啊？」

他身體一縮警戒地回：「不行嗎？」

我微笑地說：「不會不行啊！路上注意安全！」

也許看見我面帶笑容地回答他，他身體姿態稍微放鬆地回說：「我原本想等考完期末考再跟妳說的，我要證明給妳看我可以兼顧感情和課業。」

我說：「媽媽和爸爸現在要開車出門了，以後有機會再說吧！好好玩，要注意安全喔！」

我不知道孩子跟我說完後的心情如何，但坦白說，當我聽到兒子有女朋友時，心中真是又驚喜又失落地雙重衝擊。

從竹北到台北的一路上，不管先生如何興高采烈地說著話，我幾乎是遲滯似地用單字應答。我沒有向先生提到讓我倍感衝擊的這件事，因為我怕他會更大驚小怪。我的情緒像是被打翻的調味罐，酸、甜、苦、辣、鹹，全部攪和在一起。一方面高興兒子真的長大了，十七歲的他開始談戀愛；但另一方面難免有點淡淡的失落感，那個小時候吵著長大要跟媽媽結婚的小男生，從今爾後在心中有更喜歡的女生了。

當媽媽眼中昔日的小男孩，心中有了別的女孩時，媽媽們會感到失落嗎？我承認我的失落有些震撼到自己，也許是這個衝擊比我預想的來得更早，總是有些招架不住的眩暈。

孩子在高中就談戀愛，最讓父母擔心的是什麼呢？一怕會影響課業，二怕孩子未婚懷孕嗎？

我曾經想過如果孩子在高中就交女朋友會如何，因為我跟孩子以前也聊過這些話題。如今兒子真的有喜歡的人了，雖然我還沒有看過她，但我滿腦子都在想著：她會是怎樣的人？他們是怎麼認識的？交往多久了？種種好奇和想像輪番轟炸我的腦門，但我要先接住自己這些五味雜陳又摸不著頭緒的心思，靜靜在旁邊觀察，先不做任何行動。這是我在那天夜裡整理出來的心情和後續的應對步驟。

談戀愛，是青春期孩子人際關係的一項練習

孩子在沒有被爸媽阻撓的情況下，反而會更願意跟父母傾訴他的心情。祐亨很努力證明自己並未因談戀愛而忽略課業，他不但在期末考數學考了滿分，還班排第一，校排第五。我認為，他有符合我認為的「愛是一種向上的驅力」。

在孩子進入戀愛關係前，我們聊過「喜歡」和「愛」的差異，談過身體的界線，也分享過父母的戀愛經驗和價值觀。因為孩子談戀愛是在練習跟人更親密地相處，這是一件很重要的事情，我希望孩子有更多、更正確與健康的先備知識，我不希望他們懵懵懂懂地亂嘗試。

受荷爾蒙和好奇心的驅使，孩子對異性有興趣很正常。只是國中時孩子可能還會因為剛面對升學壓力和校規約束，忍住愛慕之情，只把喜歡的感覺放在心中。但高中的孩子，其實有不少人會交異性朋友，特別是在考完會考的暑假，孩子就會忍不住向國中時期就心儀的對象告白，如果對方剛好也接受自己，兩個人在等待高中開學前就談戀愛的情形，其實還滿常見的。

以上這些情況也是祐亨跟我分享的。如果孩子願意跟父母說，家長應該敞開心胸接納與傾聽，因為那是孩子打開藏寶庫與我們分享他心中的祕密。而青澀孩子的戀情，更需要健康成熟的大人給他們正確的界線與方向，讓他們不會迷失在慾望或激情中。

這邊帶大家複習一下我在《剛剛好的距離》這本書裡寫的「給爸媽的戀愛課：如何與孩子談『情』說『愛』」這篇文章的重點：

一、讓孩子從小就有會被人喜歡或討厭的概念。

二、高調宣示交往，只是好玩、想炫耀，或是誤解交往的意義。
三、告訴孩子要遠離容易失控的曖昧情境。
四、要保護自己，尊重彼此。
五、學會失戀，才能夠勇敢再愛。
六、利用分組或社團活動，多接觸不同類型的朋友。
七、崇拜偶像，釋放「想愛」的能量。
八、「愛」是一種向上的驅力。

因為接納祐亨發展自己的感情世界，他也會在跟我對談中聊聊和女友的相處，以及對未來的想法。他們在交往的過程中，一直努力走在共同成長的路上，包括：寒假時兩個人努力考到了機車駕照，暑假時兩個人又努力學開車考到了汽車駕照，也完成一起到台北上大學的約定。

後來我們看過女孩幾次，雖然感覺得出來她第一次見到我時有點生澀的緊張，但隨著見面的次數增多，我們也可以相處得自在和愉快，一如祐亨跟對方的父母共處，也是從緊張到漸漸可以放鬆和自在。

當孩子牽起另一個人的手，讓他們帶著父母的祝福

其實現代父母的心胸相對比較強韌與寬容，大多想過孩子如果在青春期時就談戀愛會如何，因為這些事不是避免就一定不會發生，倒不如先跟孩子談談，讓孩子知道發展親密關係是一件慎重而且要有責任感的事，這樣在選擇對象時才不會輕率而隨便。

孩子的喜怒哀樂有分享的對象，是好的，也許那個對象還可以陪著他闖蕩人生的驚濤駭浪，而不是在彼此的生命中製造混亂。這樣的情感支持與陪伴，是我們都希望孩子能健康發展出的能力和關係，不是嗎？

沒有人能保證每一段戀情都可以白頭到老，因為在情感世界中，會出現很多的變數或是考驗。**但我希望我不是孩子談戀愛時要解決的障礙，因為父母**

的阻力可能會讓孩子更想奔向對方的世界，反而看不清楚兩個人的價值觀和生命願景。

父母擔心孩子太早談戀愛，往往是害怕孩子受騙或受傷，但如果孩子在沒有任何準備下就進入戀愛關係，不是更危險嗎？特別是孩子交往的對象如果是學生還相對單純，如果跟年齡差距很大的社會人士交往，是不是有更多潛藏的風險呢？父母真的可以早一步先跟孩子討論感情的問題。當孩子跟我們表示有欣賞或喜歡的對象時，要忍住想評價的心，多傾聽，孩子才會說更多。當孩子可以放心地跟父母傾訴，他自己也才會靜下來審視自己在經營關係中的付出和收穫。

如果孩子把談戀愛當成向上的驅力，那他應該會更認真地探索自己和規劃未來，這樣在學業表現上，也許也更容易找到方向，全力以赴。

心理卡住時，一定要找人聊一聊

孩子小的時候，很需要透過外界的規範與秩序來完成安全依附，以及藉由外部的鼓勵與肯定來增加自信。

但是當孩子長成青春期的準大人時，除了從他律到自律，到能夠自我管理之外，更重要的是可以跟自己的內在和諧相處。

知道情緒會起伏，覺察自己有可能負荷超載，明白自身的能力不是用來追求完美時，孩子才能接納每一個面向的真實自我。孩子的續行力，來自內在真誠的自我悅納。

陪伴孩子接納不完美的自己

記得大概在十年前，有一次一群志工朋友在聊天。其中孩子剛上國中的A說：「我兒子在學校好像被排擠，他說班上有一群人不太喜歡他，讓他覺得有點難過。」

B說：「你兒子是不是覺得大家都應該喜歡他？覺得要像小學同學一樣相親相愛？」

A說：「對耶！我兒子就是這樣說，他覺得國中和國小的同學，感覺怎麼差那麼多！」

C說：「其實這很正常，孩子到了國中，喜好開始變得明顯，妳要跟妳兒子說，不需要大家都喜歡你，甚至越多人喜歡你，就越會出現不喜歡你的人。因為在國中時期，有些人特別討厭受人矚目的人。」

A說：「原來是這樣！為了這件事，我還問他要不要找輔導老師談一談，還是要不要我去找老師談一談。我兒子說他才不要找輔導老師談，這樣會被同學貼上『有問題』的標籤。他更叫我不可以去找老師談，這樣同學會說他是『媽寶』。讓我覺得好苦惱！」

B說：「妳不要太擔心啦！妳只要多跟兒子對談，讓他的心事有發洩的管道，他肯說出來就好了！」

那時，我的兩個兒子還只是小學和幼兒園的學生，我默默吸收著前輩們的觀點與分析，同時也思考，如果相同的問題發生在自己的孩子身上時，可以處理的方法和面對的心態。

當時的談話，有兩個訊息在我心中埋下了疑惑的種子。

訊息一是：孩子會想要大家都喜歡他，這是一種自我鞭策與期許，但這是追求完美的偏誤。我們該如何教孩子學著自我悅納與自我關懷，不要只想追求表面的完美，而不能接受失敗或殘缺呢？

訊息二是：孩子很怕「被輔導」，那是一種被貼標籤的感覺，覺得自己「有問題」。然而，當身體不舒服的時候，我們都知道要去看醫生，要找原因才能對症治療。但當心理卡住時，這也是一種不舒服的感覺，為何我們卻不敢求助呢？

除了自我鞭策，也要懂得自我關懷

在祐亨剛進入高三後的某天，原本我們母子只是閒聊著生活瑣事，突然間他說道：「媽媽，妳知道嗎？我最近找輔導老師談過。」

我很驚訝也很驚喜地問：「謝謝你告訴媽媽。當你發現自己壓力大到撐不住的時候，會去找輔導老師談一談，是很棒的自我關懷，媽媽聽了也覺得很欣慰。那你跟老師都談些什麼呢？」

他說：「我為考試，花了很多時間準備，但是成績沒有想像中好，讓我感到很挫折和沮喪。」

我說：「考試是永遠也準備不完的，這其中，總是有些機運。如果你很認真準備了，但成績卻沒有預期的好時，難免會失落，甚至想放棄，但我們更應該欣賞與疼惜這麼努力的自己啊！」

他說：「對啊！媽媽，這些道理我都懂，但是我心情就是過不去！如果以後學測不小心考不好，我也一定會拚分科考試。就算分科也考差了，我也知道我最後還是會接受，但我可能會不甘心一段時間！」

我說：「這是很正常的情緒反應，從期待，到失落，這個期待如果我們準備的時間越長，失落感往往也會越深越久。但我們不用去煩惱還沒有發生的事情，這是『焦慮』，也不用一直卡在過去的失落或挫敗中。時間是一直在流動的，我們只能過好眼前，這就是媽媽現在一直在實踐的正念生活，好好活在當下，不要擔憂未來，也不要困在過去。如果自己的心情還過不去，不要勉強自己接受，就讓那些感受慢慢消化。」

祐亨還跟我提到輔導老師與他分享的學習方法，像是要常常想些開心的事，還有自己以前的成功經驗等。這些從過往經驗找內在資源的方式，其實也是我們母子常在對話中給彼此鼓勵的方法。他還笑著說：「媽媽，輔導老師教的方法，妳都有跟我說過，妳真的很厲害！」

被青春期孩子這麼直接地讚美，讓我帶著愉悅的心情入睡。

那是一夜很漫長卻溫馨的對話，兒子細數了他付出的努力。其實他一直保持名列前茅的位置，只是他想就讀的，是很競爭激烈的科系，所以他很怕自己有閃失。

成績好的人生勝利組，還有什麼好憂鬱?!

自我要求高的孩子，常常把自己逼得很辛苦，他們可能在全力衝刺後反而後繼無力，跑不下去。但孩子如果只會這樣一直鞭策自己，卻不懂得自我欣賞與自我關懷，他越綁越緊的身心遲早會出事的。

媒體上常常報導這個學霸不但成績優異，在社團也是風雲人物；或是那個學霸不但通過美國名校的錄取，還可以拍片經營自媒體。那些出現在大眾眼前的學霸，根本就是神人級的存在，讓我們這些凡人，除了仰望，也難免懷疑，自己怎麼這麼差勁，找不到可以閃耀的方式呢？

其實，我們只是沒有看見學霸們的投入與專注，沒有經歷過他們的勞累與辛苦。在升學路上拚搏的孩子，大部分都是很努力的，只是努力時間的長短，還有天分與專注力不同，甚至背後的動機及意志力，再加上人生的機遇不同，都可能讓過程跟結果產生變化。

即便輸入的參數相同，但我們又如何能控制參數之間的彼此作用呢？人生又不是化學實驗，可以完全控制變項，我們是隨時都在變化的人啊！

而且那些被外人看起來是學霸的孩子，其實他們內心又扛了多少壓力和挫折呢？難道因為他們成績好，大家都覺得他們優秀，他們就不會有煩惱嗎？

當孩子知道自己心裡有狀況而願意向外界求援時，我想這是這幾年在教養與教育上的進步。因為以前的孩子，只要聽到「輔導」就害怕自己是不是有精神疾病，也害怕被同學以異樣眼光看待。但現在在大學校園的心理諮商與輔導，聽說常常排滿預約。

如今社會越來越重視心理健康的問題，因為大家知道，醫療並非只能消極地治療疾病，而是可以積極地預防疾病發生，不論是身體或心靈方面皆是如此。

找輔導老師或是諮商師談話，不是有病、有煩惱才去，而是覺得自己心裡怪怪的、卡住了，都可以找一個專業的人談一談。這就像父母願意花錢讓孩子補習課業，如果有需要，也該花錢來照顧孩子和自己的身心健康，這就是疼愛自己的方式。

想讓心理上的結，不要越綁越緊，就需要慢慢鬆開。當這些壓力大到爆表的孩子，願意找專業諮商師談一談，是好事；如果孩子願意跟父母說，父母更要耐心傾聽，因為要接受拚盡全力後還是達不到目標，對成長中的孩子來說，是很難的一件事。

當我們看到孩子有好成績會感到很安心，如果學習成效不佳也難免會擔心，這時如果沒有跟孩子溝通與對談，孩子又缺乏沉澱與靜心梳理自己的能力，他們的挫折與阻礙不是更加重了嗎？

為促進年輕族群心理健康，協助調適心理壓力與負面情緒，衛福部於一一二年八月一日至一一三年七月三十一日，補助十五至三十歲的年輕族群，每人可以進行三次心理諮商。這個政策一公布，聽說有些縣市預約踴躍。大家開始重視心理健康，是一個好現象。

此外，父母也可以透過閱讀學習，因為在別人分享的故事或知識中，可以得到很多啟發與療癒，這些也都是我們能幫助孩子或自己自我關懷與勉勵自己的方法。

如果孩子真的出現狀況時，千萬不要讓孩子一人孤單面對，因為家庭是影響孩子最多的環境，父母學習做些必要的改變和調整，才能真的幫忙孩子從卡住的地方掙脫出來。

讓孩子在網路上養成「上得去也下得來」的能力

當孩子進入中學，為了三C產品的使用規範與界線，不知道讓多少父母又氣又懊惱，甚至會想拔掉網路線。

你是不是也遇過這樣的狀況：使用電子產品的規定時間已經到了，孩子卻跟你說：「我要查資料。」

如果你指責地問：「你為什麼不在剛才可以使用的時候查呢？」他八成會反擊回道：「剛才我有查啊！現在我還在做功課還是需要查，你不知道就不要管我這麼多！」然後親子八九不離十要熱吵一番。

給父母的電玩教養處方

另外，孩子沉迷網路遊戲，也是引發親子衝突的一大原因。如果父母能換個心態，把電腦遊戲當成是孩子的另一個朋友，是不是就願意花一些心思來理解孩子的朋友呢？

了解孩子為什麼要玩電腦遊戲的「動機」是最重要的。如果是有「目的性」，當他達到目的就會願意暫告一段落，改做其他事。最讓人擔心的是，孩子只是為了打發時間、排遣無聊，或不想面對現實世界的功課、責任、人際交往等，這才是問題。

像我觀察到，弟弟竑動在玩線上遊戲時會生氣抓狂，都是因為遇到「豬隊友」，也就是「漫無目的玩遊戲」的那種人，不僅不懂遊戲角色與功能，在團體戰中也不與隊友合作。像這類在遊戲世界亂打一通的人，往往在現實世界也沒有強項與自信，他們玩線上遊戲缺乏動機與目的，不知想從遊戲中尋求什麼，也不了解遊戲能為自己帶來哪些好處。

遊戲真正玩到上癮的孩子，可能是在現實世界中沒有更好的連結，所以認為躲在遊戲世界中就會安全。就像我在青春期時不想面對自己原生家庭的問題，也不願跟現實世界有更多連結，因為那時不想讓別人知道自己家庭有問題，所以我躲在文字的世界裡，靠著創作抒發苦悶與壓力，讓文字給自己安全感。

成長中的青少年對於歸屬感、安全感，有很強烈的需求，以前這種在家庭裡找不到這些感覺的孩子，可能會被幫派吸收、利用，但現在因為數位時代的進步，網路遊戲接住了很多覺得孤獨、寂寞、冷的孩子，讓他們逃進虛擬世界中。

所以，要讓孩子培養一些放鬆解壓的活動，如運動、跟家人聊天，或是聽音樂，讀一些自己喜歡的書等，不要只能用３Ｃ來排除壓力或是解悶。因為很多孩子覺得無聊，不知道要做什麼，在發現３Ｃ很好玩之後，很容易就越陷越深。

自控力是可以訓練的

祐亨在國三的時候，自己主動停玩了他玩得很好的《英雄聯盟》，因為他知道考好高中會考，比在遊戲中玩出好成績更重要，所以他願意先暫停玩遊戲，專心讀書，然後在考完高中會考後才又開心地玩了一整個暑假。

升高三後，他則是把放在他房間裡的電腦拆了，暫放到我們的主臥室，因為他要認真拚學測，避免分心。玩電腦遊戲的紓壓以及立即的成效與滿足，會讓人想念那種快感與成就，所以他用「眼不見為淨」的方式與之劃清界線，這種自我調節就是讓生活順利進行的能力。

他在弟弟國三時，看見弟弟還在玩平板遊戲時，還會勸他好好讀書，可以等考完會考再玩。

我也有朋友分享他孩子在國三那一年，主動要父母幫忙保管平板電腦，讓自己遠離線上遊戲。孩子認真準備會考，考出之前從未有過的5A好成績，這讓他覺得自己的「犧牲」與自律是很值得的。

要玩遊戲就用電腦，不要用平板或手機

祐亨曾跟我說：「還好我後來在高中的時候是用電腦玩遊戲，而不是玩平板或手機！」

我問：「它們的差別在哪裡呢？」

他說：「差別在用電腦玩遊戲的程序比較複雜，而且當你開機的時候，你就會知道自己在花時間休閒和娛樂。但是在使用平板或手機時，因為太容易使用上手，你根本不會察覺自己花費多少時間，結果時間就這樣在不知不覺中消失了！」

我說：「我懂！打開電腦有一種儀式感，像媽媽用電腦寫文章是一種很慎重的心情，你用電腦玩遊戲也是一種慎重使用時間的心情吧？雖然我用電腦

寫文章是工作，你用電腦打遊戲是娛樂，但這種打開電腦的自覺，會讓我們知道時間的流逝，而手機或平板太容易使用，反而感覺不到時間被用掉了！」

他說：「對啊！像我就會勸弟弟玩電腦，而不要玩平板，就是希望他可以感受這種差異。像我後來也不用平板看影片了！因為看一下五分鐘、十分鐘，好像沒有什麼感覺，但往往不知不覺就看掉了一整個晚上！」

3C產品是很厲害的時間小偷，有時候只是看個訊息，回個留言，卻一不留神就被偷走半個小時、一個小時。所以在做這些事情時，可以先在心中設定一個時間段落，比方使用十分鐘，或是只看一個影片，只玩一場遊戲，時間到了就要喊停。如果擔心自己做不到，可以請家人幫忙提醒。

像現在弟弟在使用平板或手機時，我都會提醒他使用了多少時間，他就會比較注意，而逐漸減少使用。

「休息」≠「休閒」，3C誘惑中的自律與自覺

高中孩子的自我意識很強，父母不要用批判的方式指責孩子，但可以透過觀察與記錄，跟孩子說他把時間用在哪些地方。此外，也可以協助孩子區分他用3C時，是在遊戲還是在學習。讓孩子能靜下心回想自己使用時間和3C的方式，他才會願意調整。因為現在網路上也有很多課程影片，甚至數學公式的講解等，也可以加強孩子對知識的學習，只是用3C學習，透過聲光的刺激，讓人比較容易疲勞。

很多孩子以為玩電玩遊戲是休息放鬆，其實他們在打遊戲或是看影片時需要腦筋專注，是另一種型態的工作，這樣不但大腦不能放鬆，長時間下來還會造成眼睛的傷害。當孩子念書念累了，需要的是休息，比方說：小睡一下，或是站起來動一動。

與其一直站在反對孩子玩3C的立場與之抗衡，不如用表達關心的方

式，提醒他們「休息」和「休閒」是不一樣的。中學孩子的自由時間真的不多，如果他們花了太多休閒時間又想讀書，最後就會犧牲睡眠時間來念書。這樣短時間熬夜也許還可以應付平常的小考、月考，但在大型考試時，卻可能因為長期睡眠不足而失常，這是很得不償失的事。

父母如果不確定到底何時該介入孩子對3C的管理，王意中心理師在網路上提供了一個指標是不錯的參考，那就是觀察孩子在「擁有手機前與擁有手機後的態度、情緒、作息、對周遭事物的關注度，是否趨於一致？」如果孩子有一定程度上的不一致，就表示爸媽該介入管理了，畢竟青少年還不是成熟的大人，而他們需要幫忙時，有時候也不願意開口。

當發現孩子真的沒辦法靠自己達成對3C使用的自覺和自律，父母可能就要讓孩子只能在規定的時間內使用，時間到就一定要收回，即便孩子大發脾氣，父母也要忍受得住這種衝撞力道，成為孩子的剎車。甚至可以借助科技管理，如在固定時間開放網路，或用產品的內建設定「螢幕使用時間」

等，就看家長提供給孩子的載具有哪種輔助方式。

在孩子未滿十八歲之前，我們都要盡力協助孩子平安順利健康地成長，在現實世界中讓孩子「不迷惘」，在虛擬世界中也要協助孩子「不迷網」，孩子才能在真實與虛擬世界之間找到安全的平衡，可以快樂上網、自願下網。

我們父母不可能永遠緊迫盯人地管教孩子，而要教會孩子自我管理，因為沒有任何的管教方式，比孩子學會管理自己更好。而且這種自覺和自律，需要常常練習，才能培養成為習慣。當孩子在網路上養成「上得去也下得來」的能力時，也要讚賞孩子自我控制與管理的能力。

教出自己也喜歡的孩子，就是很棒的教養與陪伴

祐亨在高中學測已考上理想的校系後，有天從健身房運動完回家對我說：「媽媽，我今天中午不在家吃飯，因為明後天要考分科了，同學會回學校看考場，我要去幫同學他們加油鼓勵一下。」

哥哥一直是個樂於助人又溫暖的人。

我想起他剛考完學測的那天下午，原本他在樓上休息，結果突然間換了外衣說要出去幫國中同學到便利商店領包裹。原來，念高職的同學還在準備統測要去補習班上課，他的包裹最後一天沒領就要被退回，他突然想到就拜託

哥哥幫忙，哥哥一口答應，馬上換衣服出門。

溫暖的行動派

以前在颱風天過後，就會看到當時仍是孩子的他，小小的身影跟著鄰居的大人們一起幫忙清理水溝，先生做累了先回家，他還繼續留在現場幫大家。

讀小學時，有時候老師說學校風大，哥哥就會主動幫老師把作業簿壓好，免得被風吹走。帶他去外面的圖書館念書時，我還看到他蹲在書架前，把大家放得亂七八糟的書排整齊。在學校，只要有同學問他課業問題，他一定知無不言。學測一階成績出爐，有同學問哥哥怎麼做學習歷程檔案，他也會無私地分享。學測放榜後，不管是老師還是學校向他索取學測備審資料，他全部傾囊相授。他種種的付出和互動，讓他總是可以交到好朋友。

高中時期，他很幸運遇上很多優秀的同學，他們彼此相互鼓勵、打氣、調侃或指正對方，同時也暢談夢想和未來的規劃。

記得弟弟念小學時，有一次班導師跟我分享他們班上有位同學的作文，寫到最欣賞及喜歡弟弟做人處事的態度，還說如果自己是女生，一定會喜歡像弟弟這樣的男生。當時我覺得孩子能被同學欣賞真好！

就像所有的母親一樣，我一直都很愛我的孩子。但這幾年我抽離母親的角色去看兩個兒子時更發現，如果以女性的角度來看，我也會喜歡這樣的男生。

兒子們對自己的事情負責、主動積極又熱忱、跟人相處保持該有的禮貌和界線，但對同學開口提問一定樂於相助，笑起來陽光還長得高大帥氣，真的是女生會喜歡的類型。

善待自己，也對他人良善

哥哥之前參加學測二階的考試時，在口試的自我介紹中，提到他自認具有善良的特質。我認同他的看法，而這樣的特質也讓我覺得很欣慰。

孩子能考上頂大，除了自己用功之外，也要感謝老師的教導和機遇；運動比賽會得獎，除了自己鍛鍊，也要感謝學校給予機會和隊友的彼此砥礪；有好人緣除了是具有好心態，也要感謝同學朋友的互相關懷與照顧。

這些成長歷程中的種種收穫，不是單靠他一己之力完成，還倚仗人生路上許多人的幫助，累積出美好與豐盛。哥哥懂得感恩，所以對於他人的請求也會盡力幫忙。

孩子無時無刻不在學習，生活中接觸到的一點一滴，都浸潤與內建成孩子成長的程式。孩子，是我們生的，但在教導孩子時，常常會得到外界很多無形卻有情的幫助，是整個社會，在幫我們一起教養與引導孩子成長。

對別人的孩子也溫柔一些，一如我們也希望自己的孩子被他人所善待。在外面，我也會對別人的孩子溫暖。

有一次在圖書館的洗手間，我看見一個小女孩要洗手，但她身高不夠，碰不到水龍頭，我說：「阿姨幫妳開水，洗好手，要擦乾喔！」

看她認真地擦拭後，我走去外面，一個中年男子在門口跟我說：「謝謝妳！」原來，他是小女孩的父親。

那位爸爸不能進去女生廁所，只能在外面等，揣想瘦瘦小小的女兒，是不是可以自己上好廁所，洗好手呢？聽到有人在裡面幫忙自己的孩子，他在一看到我就立刻跟我道謝，是真心很感謝我的舉手之勞，讓他的擔心變成安心與寬心。

從「利他」出發的親子合作

六年多前我開始寫教養專欄時，當時兩個兒子陸續進入青春期。原本他們覺得我寫專欄文章又沒有收入，為什麼要花時間寫呢？我跟他們說這樣可以幫助到別人，我自己也覺得很開心啊！

我在哥哥高中時，發現他的作文不但文情並茂，還思路條理清晰，我鼓勵他多用文字記錄和分享，他總是笑笑地跟我說：「媽媽，妳喜歡寫文章就多寫一點，我還有其他想做的事。」

後來當編輯邀請我跟哥哥合寫一本書時，我還在想哥哥那時白天忙著去駕訓班學開車，又要規劃不久之後前往東歐自助旅行的事，怎麼可能有時間呢？

但當我跟哥哥說，我們合寫的書，也許可以讓其他人看看你的讀書方法，借鏡你如何探索自己，也可以幫助中學生設定讀書計畫和目標、好好發展自己的人生，也讓親子關係變得更健康與良好，你覺得怎麼樣？沒想到以前總是拒絕用文字記錄的哥哥，在想了一下就說好！他不僅答應，而且馬上付諸行動。早上他去學開車，下午我們討論一下，隔天早上他就會交給我一篇文章。

雖然在過程中他也曾跟我說：「媽媽，原來寫書這麼難啊！」但只花了兩周，我們就完成初稿，因為哥哥真心希望他的經歷可以幫助其他青春期的孩子，靜下來思考與規劃自己的人生。

這個只想幫助別人的「起心動念」，從「利他」開始，讓我們排除萬難，進行得這麼順利和愉快，而成為我們母子一段很美妙的共同創作經驗，真的是歡喜出，必歡喜返。想幫助別人，最後也幫助到我們自己而留下無比珍貴的美好回憶。

伏爾泰曾說：「外表的美只能取悅於人的眼睛，而內在的美卻能感染人的靈魂。」我們在陪著孩子長大的過程中，教導孩子進行社會化，能讓他的行為遵守規範。但讓孩子的感受和思想自由發展，不僅能使孩子有得體的舉止外顯，也會讓他發展出有趣的靈魂。祝福大家在親子相處的時光中，都能教養出自己喜歡、孩子也喜歡自己的健康人。

｜第三章｜

這段路我也走過，讓我成為你的陪跑員

by 林祐亨

「我是誰？我在哪？」——走出自我封閉之國中篇

剛進入青春期的我，是個十分叛逆的小屁孩，其中又以國小高年級階段最為嚴重。

當時，我著迷於動漫與電玩，花費大量時間投身虛擬世界。此時我最在意的是如何在遊戲裡有更出色的表現，而非更亮眼的學業表現。然而父母並沒有干涉與反對我的想法，而是試著引導我，讓我深入思考：我真的想把「玩遊戲」，變成一項職業嗎？

此外，在那時，「家」對我來說只是吃飯和睡覺的地方，朋友才是關係最緊密的對象。我非常希望家人僅是素昧平生的隔壁房客，並花了更多時間和朋友們相處。因為想擺脫家裡的諸多限制，不免和家人吵架，幸好家人當時的諒解和包容，才沒有使得衝突進一步加劇。

在青春期的朋友圈內，誰能擺脫越多家裡的約束，就更受眾人崇拜。我因為自己的爭強好勝，透過和父母唱反調而成為當時朋友們中的領頭羊。

國中時的我們其實很自我中心，只想著爸媽對我們約束少一點，物質供應充分一點。像是我們都會羨慕有手機的同學，也覺得別人的爸媽比較好。但我們從沒想過，我們對爸媽桀驁不馴的態度有時會傷害他們的心。

在跌跌撞撞中成長

我將我的國中時期分為兩個階段，前段是在虛擬世界逐漸迷失自我，後段則是透過運動與讀書逐漸找回自信心。

升上國中後，國小和我要好的那群朋友各自到不同的學校就讀，或是被分到不同的班級，面對這陌生的環境，我選擇靜靜觀察與等待。每當進入新環境時，我鮮少是主動者，反而是在有人破冰後才能持續開啟話題的那種人。

但也許是國中時大家都比較自我中心，也或許是我沒有向他們散發出「快來認識我」的那種善意，這份耐心並沒有為我帶來熟悉的結果，我不僅沒有成為班上的焦點人物，反而因為當時少有人和我有共同興趣而讓我逐漸變得內向。我開始著迷於虛擬世界，而減少與現實世界的接觸。

我不僅在讀書方面持續失利，社交狀況也不盡理想，此時我超想隔絕和外界的所有聯繫，活在只有自己的世界。我知道這不是我想要的生活，但只透過靠自己努力，仍難以改變存在已久的環境。

我很喜歡生物，但當時卻很難在生物科拿到超過九十分的成績，我便請教老師有什麼改善成績的方式。結果老師開玩笑地反問我：「你上課是不是沒有認真聽課啊？」這個問題提醒了我，或許是因為我認為國一的生物太簡單，因而掉以輕心，沒有專心聽講。於是我開始嘗試在課堂上認真聽講，後來成績確實逐步提升；也因為常向生物老師問問題，讓老師屢在課堂上讚揚我。這些收穫都為我帶來自信，並讓我轉念思考，也許我也能在國中交到好朋友吧？

然後，我開始透過運動結交朋友，發現原來有些人也有著從外表無法窺見的有趣內在，只是之前因為彼此不熟，所以我從未發現。

在同學的陪伴與諸位師長的欣賞下，逐漸讓我從隻身一人的虛擬世界中抽離。透過與朋友們嬉戲打鬧、談心，我在團體中找到了歸屬感，也透過重新審視「讀書」這件事，讓成績大幅進步，並找到自我認同感。

透過讀書建立自信心後，基本上站穩了班上第一名的位置。此時背負著師長的期待與肯定，難免過於自負，同學與朋友們會用自己的方式，從旁提醒我應該稍加收斂鋒芒。在考試意外失手時，朋友也會驚訝且關心詢問：「啊，你不是很會讀書，怎麼沒有考得比〇〇〇好？」而某次模擬考的失利，更真正提醒了我，我並沒有多厲害，我只是比別人稍微多了點讀書天分，並透過自己的努力放大這樣的效益。此後，我便有意識地收起過去目空一切的心態。此外，我也透過「剃光頭」的方式，自我提醒要記住那次的挫敗，並有重新出發的勇氣。

高中會考失利在當時也帶給我深深的挫敗感，5A9＋的成績放眼當時已經相當亮眼，但離我的夢想「實驗高中」仍差臨門一腳。會考結束後我便選擇逃避一切，騎上單車，開始一趟為期八天的環島旅程。所幸這趟旅程我並不孤獨，有個朋友陪我一同唱歌、一同打鬧、一起見證彼此完成的壯舉。在這段旅程中，我慢慢被大自然、被理解我的朋友治癒，開始接納這個不完美的自己。

回想國中階段環境對我造成的影響，可以用幾句話總結如下：同儕的陪伴讓我走出虛擬世界，師長的鼓勵與賞識讓我重拾信心，卻也稍微自信過頭，是同儕的提醒與自我覺察才使我繼續邁向正軌。會考成績不如人意所帶來的挫敗，透過朋友的理解、大自然的撫慰與自我的接納，讓我在這段自我挑戰的時光中懂得如何與自己對話，進而慢慢解開考試失利的心結。

給家有國中生的父母建言

國中是個想脫離父母掌控，自主向外闖蕩，卻又不知所措的時期，父母在這個階段的任何協助，都會被孩子視為是對他的不信任與干涉，恰恰此時卻是孩子們最需要被引導的時刻。因為排斥父母的引領，孩子會轉而尋求朋友間的集體認同。此時，身邊朋友的好壞，將深刻影響一個孩子的發展。當然，這邊所說的好壞並不是由成績決定，而是一個人的品格、家教、思維等個人特質。

我認為父母不妨改變自己看孩子的角度，變成一位他們不可或缺的「朋友」，可以利用孩子的興趣作為敲門磚，並放下身段，從頭學習，虛心向他們請教，也許之後這便成了你們的共同話題。因為青春期是孩子自尊心最強的一個時期，沒來由地打探可能會被孩子解讀成挑釁等負面訊號。當然，如果真的無法融入孩子的興趣也不要勉強，不妨換個方式，和他們說說你的興趣是什麼。總而言之，任何能拉近親子距離的方法就是最好的第一步。

接著，從彼此有興趣的共同話題切入孩子的生活，聊聊一天中發生哪些有趣的事，透過這樣的方式了解孩子和朋友的相處情況，試著推敲他跟哪些朋友關係較好。如果行有餘力，試著記住孩子重要的朋友和其特徵，這會在下次的親子對談中讓孩子感覺到你重視他。

最後，也是最重要的部分，就是如何幫助孩子遠離壞朋友。我建議爸媽可以這樣做。

- 首先，讓孩子從自己的觀點，評價他身旁的幾位好友。
- 在每次孩子要和朋友聚會時，詢問會有哪些人參與，待孩子返家後可以用聊天的方式詢問他們玩了什麼。

- 觀察孩子是否有刻意隱瞞某些朋友的行為不想讓爸媽知道，這可以從日常行為的變化看出。如果有，這也代表孩子早已意識到朋友的不恰當舉動，這時父母便可以挺身而出協助孩子。
- 此外，也可更進一步邀請孩子的朋友們來家中作客。這個年紀的孩子非常聰明，在大人面前和朋友面前會有兩套不同的行為模式，如果你試著用「朋友」的角度和他們相處，孩子們自然會用更真實的自己面對你。如果發現他可能是個壞朋友，在謹慎評估過後，和自己的孩子討論這件事，並聽聽他的看法，不要太早妄下定論。

給國中生的心裡話

我知道你不一定甘心讀書，但請你想一想，你的人生是你自己的，你怎麼過每一天都會影響你的未來。我希望你能為自己的人生，活得更「甘願」。

不要把時間都花在打遊戲、看影片上，這些事情雖然好玩，但你也要想一想收穫是什麼？要想一想自己喜歡什麼？國中要好好探索未來，選擇讀高中、高職、五專會是不同的路，努力在國中三年裡選出自己適合走什麼升學管道，不要把這個決定「賴」給父母。

讀書不是唯一的路，但這也不該是你不讀書的藉口。也許你覺得你在玩電動方面有天分，那就給自己一段時間練習，參加比賽打出成績吧。其他非主流的才能也是如此。天分固然重要，但要在現實中獲得成績必然少不了刻苦訓練，我相信這段歷程不一定會比讀書容易。

「我為什麼要讀書？」相信這也是你們每個人都會有的疑問。

讀書是開拓我們視野的其中一種方式，同時讀書也能增加我們學習新事物的效率。

此外，也許你看任何人、任何事情都覺得有點不順眼，那麼為什麼你不試著改變他們呢？改變別人的第一步要從改變自己開始，得先把自己變得更有能力，其他人才會更採納你說的話。

看到這裡，有覺得生命變得更熱血了嗎？不妨把人生當作一場遊戲，最後會成為多麼厲害的玩家，有待各個階段自己的努力與累積。當然，精進自己的方法不只限於讀書，任何能讓自己學到新知識的事物，都能作為學習的來源。

在人生這場遊戲中，倘若遊戲主角怠惰不訓練，這樣的結果會造就一個等級很低又沒什麼裝備的弱弱玩家。既然人生只有一回，不如用盡全力，努力讓自己成為人生遊戲榜單上的頭幾名玩家吧！

讀書不是唯一的路，但是比較輕鬆的路——打開新視野之高中篇

我的高中之旅是一趟自我探索的道路，有時會感到迷茫，有時也會堅定目標、全力衝刺；有時會遭遇挫折，有時則能意氣風發、突破自我。

雖然一開始是帶著挫敗與不甘的心態進入新竹高中就讀，到最後大學入學考試也沒能錄取世俗眼中理工科系的第一志願，但面對人生的不如意，我的心境顯然已經成熟許多。這不僅歸功於高中階段的我願意和自己對話，也是我高中階段各式生活經歷、磨練帶來的累積與成長。

從排斥到認同，心胸跟視野都更開闊

初上高中，同學、老師都看得出我有千百個不情願，但他們卻都接納這個不認同「新竹高中」的學生。

經過了幾次段考的洗禮，我深深體會到這所學校的高手都深藏不露，為了滿足我的好勝心，我便針對「環境」這項因素做出改變。

首先，我將課後讀書的地點從家中改至圖書館的自修室，這能幫助我提升專注力。

其次，我主動和課業表現優於我的同學一起學習，並適時向他們請教課業問題。

最後，我向自己發問：在高中階段，除了讀書，我還能產出哪些更有意義的表現？此時我尚無法給自己一個答案，我便選擇透過專心讀書，以便讓自己未來選填科系時能處在更佳的優勢。

升上高二，我遇上了一群不一樣的同學。有的人更懂我心中的想法，有的人在各領域表現傑出，讓我佩服得五體投地，有的人則和我有眾多共同興趣。也是高二開始，我對「新竹高中」逐漸從排斥到產生認同。

在這段時間，我把同儕視為一同奮戰的夥伴而非競爭對手，這樣的想法一直持續至學測都未曾改變。

上課寫筆記，是我這段時間養成的習慣，寫筆記能讓我更專注於課堂。

參與羽球全中運、跑山、收穫穩定的戀愛關係等，都是我高中階段除了讀書以外的豐富活動。

另外，我還發現了投資理財這項興趣，投資的心法讓我看待事情的角度產生了天翻地覆的變化。關於這點，我在之後的文章有詳細的闡述。

沒有勇氣說出口的憤怒

然而，我以放射狀發展所進行的多元活動，之後也因為學測的步步緊逼而被逐漸收回，僅剩讀書一條主線。

為了準備學測，我比過去更認真讀書，幾乎將玩樂時間縮減為零。但前兩次的模擬考成績給了我嚴重的打擊，特別是數學，這個從小學高年級就讓我感到恐懼的科目。我也因為這樣被壓得喘不過氣，不光是心理反應，壓力也實質地體現在我身體上，我胸口常有沉重的窒息感。我知道僅憑一己之力無法應付，於是我嘗試到學校的輔導室尋求幫助。

只是自己心裡的結還得靠自己解開，這一切的壓力源自於我對於讀書的看法。過去的我內心抗拒讀書，所以我其實是逼迫自己花費大量時間在一件自己討厭的事情上，如此一來，成效與預期不同，當然會產生極大的壓力。

我覺得讀書考試這樣的教育制度很枯燥，我也不想要一直過著這樣無趣的生活。但當我靜下心來檢視我的高中生涯，發現其實自己也做了不少有趣、有意義的事，這是之前一直被困在課業中的我未曾意識到的。於是乎這樣的心結慢慢解開，我開始覺得上學不再是件苦差事，也不再排斥讀書。

這樣心態的改變讓我慢慢愛上讀書，漸漸享受追求知識的純粹，也因此戰勝對數學的心魔。

轉眼間，第三次模擬考結束，我的成績看似有所好轉，但又面臨新的問題——班上的環境。班上吵鬧的氛圍一點也不像即將面臨學測的高三生。面對如此的情況，大部分想讀書的同學只能選擇逃避，我們躲到教室內的「小房間」關上門戴上耳機，或是在午休時間逃去圖書館。現在回想起當時仍覺得忿忿不平，我們這些想讀書但卻被干擾的學生真的很倒楣，但在當時，沒有人有勇氣站出來和那群吵鬧的同學據理力爭。

或許不是最完美的選擇，但相信是最適合的選擇

比起會考，我的學測算是有個好結果吧！深知要讀二類科系的我，在英數自三科取得了44級分的好成績。然而，我的個人申請之路才剛剛開始，想透過這樣的方式被台大電機、資工的熱門科系錄取難如登天。

簡單來說，個人申請的初衷就是想要尋找對該科系充滿「興趣與能力」的學生。大部分高中生僅能表現他們對該科系的「興趣」，但申請者是否兼具「能力與興趣」，進而幸運成為躋身進入台大的幾十名學生之一，決定權則在校方手中。

「電機、資工」領域的專業能力我可以說是一無所有。在和母親，以及一位十分優秀的同學討論過後，我選擇透過書寫出一個多元探索、並最終選擇該科系的故事感動了教授，而我也自豪能寫出一份連自己都被感動的作品。那位同學給予我非常多的幫助，提供了大量撰寫「學習歷程檔案」的經驗與知識，並用銳利的眼光，甚至是「不留情面」地指點我，但我非常感謝他的嚴苛。媽媽則不同，她站在支持與陪伴的角度，給了我很多鼓勵，以及跳脫高中生框架的想法。

當然，難題不只如此，最後的二階筆試才是一切的完結篇，這也是台大特有的「殘忍制度」。因為備審資料已耗費了大量心力，我最後大約只剩兩週的時間研讀筆試的內容。當時我內心很清楚那兩週自己的成長，也有信心能挑戰成功，但最後的結果只能說跌破眼鏡吧！筆試分數只拿了我預期的一半，我也因此和台大電機、資工無緣，最後我選擇就讀於台大資管。

也許這是命運的安排吧？我開始慢慢相信，台大資管也許不是最完美的選擇，但應該會是最適合我的那一個。

而且，之前我對這三個科系也進行過深入的研究，了解自己的特質與興趣所在（見第204頁），所以其實並不覺得遺憾。

在結果出現前拚盡全力，在結果出來後我也學會不再責備自己。比起面對高中會考失利的忿忿不平，我變得更坦然與沉穩。

謝謝陪我走在自我探索之路上的你們

就我而言，高中比國中成熟了不少，即便我仍想走一條屬於自己的路，但旅途的方向及目的都已漸漸明朗，我也不再排斥家人的關心與援助。我開始了解，在自己的人生道路上也未必是孤身一人獨自奮戰，朋友和家人都會是我這趟自我探索之旅的支柱。

高中階段，家人對我的重要性逐漸提升。家人在我迷茫時，作為引導的一束光；在我全力衝刺時，在後方成為一股推力，並給予祝福；在我經歷低谷時，給予肯定、讚美與陪伴。我的父母知道，高中階段的孩子，有了更多自己的想法，也敢於實踐，只要確定做的事不會傷害自己、傷害他人，就會放手讓我嘗試。

我剛進入高中時對很多事物都很感興趣，當時就如同大海撈針一般，沒有一個確定努力的目標。我透過參加社團、課外營隊以及講座來尋找生命中的意義與歸屬。隨著時間流逝，我仍未找到一個明確的目標，於是那時我決定先努力在學測獲得高分，以便獲得最好的科系選擇權。

此外，同儕、朋友一如既往地擔任重要角色，但我們彼此間的提攜與合作比起過去增加了更多，這樣的轉變讓我多了些知心朋友。

接著是對於竹中看法的改變。師長、同儕、生活、傳統，讓我對這所學校產生深深的認同感，我因此更投入學校的活動，在這裡讀書也變得更快樂。最後，我對讀書看法的轉變也讓我有勇氣戰勝數學，並在學測取得相當耀眼的成績。

這三年的努力，可以說我為自己上了一堂最刻骨銘心的課，也無比珍貴。我透過自身的經驗證明，在這段時間好好探索自己，追尋心裡的那個聲音，是這個階段最有意義的事。

給高中生的心裡話

撐過國中無趣的三年，高中的你也許想盡情玩樂，也許想談個戀愛。但高中三年的歲月不同於國中的漫長枯燥，能進行的課外活動更加多元，像是社團、校隊、演講、營隊等，都是高中生經常會參與的活動。老師對學生也不會有太多限制，更不會有苦口婆心要我們交作業、要注意成績之類的瑣碎叮嚀，也沒有給家長檢查的聯絡簿。這時，我們面臨了自我管理的學習。

不妨從現在開始思考，你想讓什麼事蹟成為你個人的高中專屬回憶。「讀書不是唯一的路，但會是一條較輕鬆的路」，我很認同這句話，雖然這未必適用於每一個人。不論你是否喜愛讀書，在高中階段最好能找到自己熱衷的幾件事，埋首其中。無論成功與否，做出一點其他人無法輕易達成的成就，這便是你的專屬印記。透過這些事建立成就感、自我認同感，並鞏固自己獨特的學習方法，將上述優勢延伸至課業上，相信會有讓你意想不到的成效。

總而言之，雖然成功的道路不止一條，但身為學生，總該為讀書這件事負責。我曾告訴自己：「如果我連讀書這相對單純的事都做不好，該如何面對往後人生的種種難題？」希望你也能以此自我激勵，嘗試讓自己在擁有最佳狀態的情況下面對學測吧！

抵抗誘惑、實現目標的意志力訓練法

人生中的不同階段有不同任務，那往往是做起來投資報酬率最高、機會成本最小的事。例如在學生時代就要好好讀書增加知識和能力，這比出社會若干年後才要回頭再補學歷來得輕鬆。

在國、高中階段，探索自我和努力學習是我當時認為最重要的事。在那段時間，只要我稍有偏離，我便會督促自己回到學習與探索的正軌。意志力不是要靠咬牙硬撐，而是清楚知道自己的目標和實踐方法，才不會徒勞而無功。

人的一生中總是在面對選擇，想活出怎麼樣的生命操之於己。從大方向來看，大部分時間沉溺於玩樂或誘惑的人，較難為自己的生命留下不一樣的火花。相反地，那些自我鞭策、願意脫離舒適圈的人，則容易有超乎常人、意料之外的發揮。

也許大家對要怎麼過完「人生」這趟旅程各有解讀，但不可否認的是眼下的生命有限，每個生命階段能做的事也一去不復返。不如好好珍惜這趟旅程，盡自己所能，充分體驗生命中的酸、甜、苦、辣吧！

生活不可能總是在享樂，學會「面對誘惑」和「自我管理」是充分體驗生命的必修課題。接下來，讓我說明我如何達成以上兩者。

一、對自己誠實

我們都知道誠實待人是美德，但何謂「對自己誠實」？

不知道大家有沒有減肥過？減肥之路漫長又辛苦，且常常遇到許多誘惑，例如：家人新買的零食。這時，如果抱著「吃一點也沒什麼關係吧？」或是「今天放縱一下就好！」等想法，就是對自己的不誠實。

又或者以打電動為例，對大部分學生來說，電動就是紓壓或社交的工具，但他們也該明確知道，打電動不是必要，也難為他們帶來額外的好處。然而如果他們總是利用「我能變成職業選手」、「我之後要當實況主賺錢」等想法洗腦自己，將「打電動」變成更有意義的一件事，而合理化這樣的行為，這便是對自己「不誠實」。當然，如果有實際作為是例外。

接下來讓我說明為什麼「對自己誠實」很重要。

首先，對自己誠實能釐清做任何事的「意義與價值」。我們的時間有限，做一件事勢必就要犧牲做另一件事的可能，也就是所謂的「機會成本」，所以選擇做最高附加價值的事是最理想的。

其次，對自己誠實能讓我們的內心更坦蕩，行事更加腳踏實地。前面提到

「減肥」、「打電動」例子中的心態，不都算是一種投機取巧、拿自己的未來做賭注的感覺嗎？

最後，我認為對自己誠實也是接納自己的第一步。如果可以不勞而獲，大家應該都想這麼做。我們心中難免會有各種偷懶、投機取巧的想法產生，我們該做的便是正視並抵抗他們！

二、試想「如果我（這樣做）……結果會如何？」

呼應前言，生命是一連串的選擇，我們必須為自己的選擇有所犧牲。正因如此，我在面臨任何選擇時會先停下來想一想，如果我做了其他的選擇會怎樣？這是釐清選擇「價值」最好的一種方法。

例如，我過去在玩社團和專心讀書之間有過猶豫，但因為我尚未確定自己對哪個社團有非常強烈的興趣，或是我能在任何社團收穫比讀書還大的報酬，所以我選擇專心投入讀書而非社團。

在做出這樣選擇的當下，我問了自己幾個問題：

- 我對哪個社團真的情有獨鍾、願意花大量課餘時間舉辦活動、參加比賽等。
- 社團能讓我學到什麼？像是領導力、溝通能力、專業能力？
- 如果高二花費較少時間讀書，我會有什麼損失？

讓我特別說明第三點。我認為學習能力是透過不斷累積增強的，別人高二在玩社團時我在讀書，雖然這時未必有最好的讀書成效。但升上高三後，過往累積的讀書經驗便發酵，讓我在此時的學習如魚得水。反觀高二犧牲讀書時間的同學，將面臨因為沒有過去「大量」累積的讀書經驗，導致學習效率較差，這很容易讓人感到挫折。

三、和同儕形成夥伴關係

不要把同儕當成自己的敵人，但要記得適時和他們比較。這裡的比較不是比較成績高低，而是比較彼此的生活作息、讀書時間、課外休閒活動等。同儕的習慣良好時，可以嘗試向他們學習；同儕習慣不好時，不要落井下石，要適度提醒他們回到正軌。

進行課外休閒活動時，可以選擇和朋友們打球等有一大群同伴的團體活動，試著從他們身上獲取一些自己沒有的優秀特質。同時，彼此也要成為對方的「好夥伴」，在過於放鬆時予以規勸。

一個人獨自努力，常常會讓人感到迷茫，懷疑自己行進的方向是否正確；一群人一起努力，不僅能彼此作伴，還能互相提醒，避免任何事「做過頭」。

四、明確設定玩樂與讀書的時間

如果你是一個完全不需要利用放鬆、休息一下轉換心情的人，可以跳過這點。

但我認為持續太多時間專注在一件事上的產能有其臨界值，當時間過長後，效率便會逐漸下降。同時，適度地放鬆及轉換心情，能增加之後做事的效率，也能活化大腦的創造力。所以在我的觀點裡，玩樂、放鬆是必要的，但我們必須將這些時間明確納入計畫，並嚴格執行。

有規劃能讓我們掌握一天的讀書、休息時間各佔多少比例。在適應固定的作息之後，身體也會為我們調整到最佳狀態。如果不明確設定玩樂、放鬆的時間，將可能導致逐步升級的「怠惰心理」，讓玩樂的時間越來越多，讀書的時間專注度也隨之下降。

我認為休息時間可以彈性，但玩樂時間最好固定。所謂休息時間是指讀書讀累後「小睡、外出散步等」，玩樂則是「和朋友出門、打電動、看影片等」。以我自身為例，高一我的玩樂時間是每天放學後三十分鐘以及週末早晨（接近段考時）；高二的玩樂時間僅剩放學後十分鐘以及週末早晨；準備學測的那一百多天甚至是完全沒有玩樂時間的，僅在走路時偷閒。

讀書的時段也要固定，讀書的進度我倒認為是其次。將某些時段排定為「讀書時間」，持續一陣子後，你的身體也會對這樣的規律性產生反應。剛開始可能難以撐完全程，但慢慢你會發現自己有所進步，直到養成習慣後，不讀書都會渾身不對勁。像我平日下午五點半到晚上八點半，以及假日早上九點到晚上九點，都是我的讀書時間（以高二下到高三這段時間來說）。

如果當天的進度提前完成，不妨回頭再複習一遍，翻閱未來進度的內容。如果因為進度超前就怠惰，在應該讀書的時間放任自己「放鬆、玩樂」，這是最差的選擇。

五、如何成為「心目中的那個我」

我常常用「心目中的那個我」來鞭策自己。我會試著幻想，我想要未來的

我是什麼模樣。

如果是期許「成為一位成功人士」，那我便要找出自己的強項，用自身的力量放大它，持續提升自己各方面的能力，保持積極的心態，最重要的是「抗拒誘惑」。若是想「在投資領域有所斬獲」，那便要繼續加強投資的基本實力、觀念，持續在股票、投資市場闖蕩，對新事物保持好奇心，並勇於承認自己的錯誤。又或者是希望「身材更好」，那我就要持續健身、運動，並嚴格控制飲食。

不論如何，試著想想你想要未來的你長成什麼樣子，有什麼成就，是什麼樣的人。也許我會有這樣的做法是因為我樂觀、積極，但我們這個年紀的人還有無限可能。只有我們想不到的未來，沒有我們無法駐足的未來！

試著幻想出一個最美好的自己，並努力朝該方向邁進。旅途中的困難、誘惑也許就會顯得可笑和不足掛齒了。

不藏私的高效筆記法

做筆記是我高中階段開始執行的讀書策略，高中三年大概做了接近千頁A4大小的筆記。

近期我在整理筆記時，發現自己做筆記的方式，隨著知識累積不斷在進步。

以下讓我來分享做筆記的好處以及做筆記的小撇步。

做筆記的好處

一、上課更專注

高中的課堂裡，老師通常不會管學生是否專心上課，這時，學生的自制力就很重要。然而，高中的教室裡處處充滿誘惑：放在抽屜裡的手機、小說，隔壁正在閒聊的同學，又或是窗外的風景。

如果你是一個自制力不夠強的人，強迫自己上課寫筆記能確保課堂上的專注度，對我而言，也能避免上課想打瞌睡的情況發生。

當然，上課寫筆記的前提是自己能跟得上老師的速度，所以千萬不要為了「寫而寫」，寫了一堆自己沒聽懂的內容又有何意義？遇到跟不上進度的情況，拿出手機拍下黑板，下課找老師、同學弄清楚，再用自己能理解的文字整理至筆記本上。

總而言之，寫筆記的前提是不要干擾自己上課吸收知識的節奏。

二、確保學習成效

過去我都要求自己，必須在書寫當下就充分理解筆記本上的內容。如同前一項所提，要寫自己已經懂的知識，之後複習時便能對照筆記本、老師的板書及課堂講義來確認自身目前的學習狀況，不至於毫無頭緒。

在該堂課結束後，我也會檢查自己的筆記，是否有遺漏的知識。如果有，盡可能當下就把它補齊，不要拖延。

三、方便課後複習

高中階段，我透過第一遍先讀講義，第二遍讀筆記的方式複習課程內容，緊接著再進行題目的練習。

對我來說，閱讀講義是比較詳細，但有點雜亂的複習方法，然而這對於掌握課程的基礎知識是必要的。而閱讀自己整理的筆記則相對簡略，因為是自己消化過後的產出，會比較有系統性。且有時筆記記錄老師上課時的補充內容，這也是高中學習的特色。

講義與筆記的相輔相成足以確保知識的完整吸收。有時遇到來不及準備的小考，我就會選擇只讀筆記進行快速複習，藉此喚醒上課時的記憶。

四、和同學一起進步

我算是班上第一個開始認真做筆記的人，隨後有位成績表現優異的同學，受到我的鼓勵也同我一起做筆記。我們會交換筆記，也會互相分享做筆記的心得與方法。在我們因故請假時，隔天也會借對方的筆記補齊。

更甚者，其他同學在知道我們有做筆記的習慣後，會向我們請教做筆記的方法，或是借我們的筆記來複習。同學也會在我們需要課業上的幫助時，盡其所能幫忙。

我想我是透過「做筆記」的方式，營造出班上良好的讀書氛圍。我也不擔心把我的「筆記絕活」分享給其他同學會被他們迎頭趕上，我反而認為優秀的同儕更能激發我的潛能。在我的認知裡，不該把同儕視為假想敵，我們應該是一起努力的夥伴！

五、成為繼續讀書的推進力

做筆記不是一件輕鬆的事，但回頭看看自己為讀書所付出的努力，那是相當有成就感的。

我在讀書遇到瓶頸、身心俱疲時，喜歡回想我過去做了哪些努力，並說服自己：「我過去的種種努力難道要就此浪費？」有時這樣的自我激勵還不夠，需要一點具體的「精神援助」，而過去做的筆記，就是最完美的紀錄。

學測倒數八十天左右的那段時間，我被自己強加於自身的壓力壓得喘不過氣，那時的我在讀書之餘喜歡翻閱過去的筆記以勉勵自己。那是一本A5大小的活頁本，整本筆記厚達一公分，內容是線上課程複習彙整的觀念與題目，這些題目大概也只佔我學測數學複習的五分之一。

看著厚厚的筆記頁，我笑了，我笑我自己為什麼不能再堅持一下，過去都做了那麼多努力，我到底在怕什麼，是怕自己考不好嗎？到現在也沒搞清楚我在擔憂害怕什麼，但我很確信當下筆記給了我「安定的力量」。

做筆記的小撇步

一、視科目選用尺寸不同的活頁本

一開始我是用傳統的筆記本做筆記的，並非用活頁紙，所以無法把紙張單獨拆下，將內容做順序上的調整。有時候老師上課會跳著講課，或是某部分自己漏聽、沒聽懂，這樣會很難預估在筆記本上要暫留多少空間。又或是如果寫錯的部分太多，用修正帶或橡皮擦太花時間，整頁撕掉又不美觀，使用活頁本就不會遇到上述問題。

一般的上課筆記我推薦使用B5大小的活頁本，數學、物理題目則推薦使用A5大小的活頁本記錄。活頁本最好用塑膠材質的，紙板類的本子在書包內長時間擠壓後容易變形。

二、字體整齊美觀很重要

筆記是寫給自己看的，相信對大部分人來說，工整的字體會更加賞心悅目吧？

當然，對過去沒有練習好好寫字的人來說，追求字體寫得好看又快是一件難事，我也是透過寫筆記才將字慢慢練好看的。潦草的字跡容易讓自己產生誤會，不知道大家有沒有在算數學時把自己寫的3和5搞混的經驗？

另外一點，不要讓讀者，不論是你自己或是向你借筆記的人，看你的筆記感到眼花撩亂，這會降低閱讀的效率。適時的留空、字體不要太小、用深色的鉛筆芯寫字、不要用奇奇怪怪的顏色做筆記，但要有適當的顏色變化（紅、黑、藍、鉛筆、螢光筆足已）。

總而言之，用一種自己看了舒服，能讀得快又準的方式做筆記就好。當然，上述建議僅供參考，筆記主人的判斷更加重要。

三、**不同科目要分開書寫**

不同科目要有一本自己專屬的筆記本，剛開始寫筆記時我甚至每科都有一本（國、英、數、物、化、生、地理）。這是因為不同科目的筆記方式、重點都不一樣，寫在同一本容易混淆。在上課時拿出該科的筆記本，也能讓自己有一種「要認真上課」的儀式感。

到高二後選讀第三類組的我去蕪存菁，只剩「數、物、化、生」有筆記本，國文、英文的筆記則直接寫在課本上。

讓我簡單說明一下不同科目的筆記方法與重點。

● **數學**

老師上課的證明一定要自己在筆記本上推導一遍，再來就是寫基本的觀念、公式，然後記錄一些特別、需要思考的題目。

● 物理

物理是個滿需要作圖的科目，我會在筆記上作圖輔助公式的推導。物理的公式通常很多，但其實只要記住核心的那幾個，剩下可以靠自己推導。在筆記本上練習推導一遍吧！

● 化學

比起數學和物理，化學需要記憶的內容更多。化學反應式、物質特性、氧化、還原電位等記憶類的內容，可以在筆記上註記能讓自己更輕鬆記憶的方法。

● 生物

生物的記憶不完全是靠死背，我認為更多的是要理解。試著利用圖片輔助，並在圖旁邊加上「為什麼我們的身體構造是這樣」之類的註釋，用自己可以理解的方式去記憶。有時是好朗誦的口訣，有時是可以和已有知識的連結。

● 國文、英文

這兩科沒有固定的課程範圍，筆記的內容通常是課本的延伸，偶爾會有老師的天外飛來一筆。比起做了一堆雜亂無章的筆記，在課堂上跟隨老師一同進入他的想像世界更為重要。

國文和英文我通常只有文法、註釋、語意等較為死板的知識會做筆記。

運動，對我不只是「運動」

從國小開始，我就積極參加各式運動校隊，國小擔任三年多的羽球隊員；國中則參與了一年左右的卡巴迪校隊；高中再次加入羽球校隊，甚至代表新竹市參與全中運比賽。

對於一位國小學生，一天高強度練球四小時是怎樣的體驗？這就是我在當時寒暑假每天做的事。那時的我以成為職業選手為目標，教練也對我抱有很大的期望。然而屈服於社會氛圍，百般糾結下我選擇了升學為主的國中而非體育班，於是我的夢想就此短暫地畫下休止符。

國中階段，卡巴迪讓我重溫舊夢。一位卡巴迪國手成為我的體育老師。我也許是想重拾被埋沒的運動熱情，我們在國中組建了卡巴迪校隊，進行比過去更嚴苛的訓練。因為這是新興運動，如果持續訓練基本上就會成為國手。我在課業方面的優異表現讓我糾結不已，最終我仍再次打消了成為「職業運動員」的念頭。

但我有時還是會好奇，某個平行宇宙裡選擇成為運動員的我，現在過得好嗎？

這便是運動帶給我的一項重要啟示——取捨。我難以將學術表現與運動生涯同時發展到極致。此外，因為練球失去的午休時間、玩樂、讀書時間，也讓我明白生活便是由不斷的取捨所構成。

四肢發達，不代表頭腦簡單

從前的我把運動當成競技，如今的我則把運動視為一項自我挑戰。我有以下三種想法的轉變。

一、從「競技」變「挑戰」

國小、國中階段的運動訓練，均是為了競技比賽、為了有更好的運動表現，以及為了成為「職業運動員」。隨著年歲增長，我也逐漸成為球隊的核心，在運動方面表現越來越卓越。

然而此時卻出現一個問題：我發覺自己並不喜歡競技體育。比賽給我過多壓力，失去了運動的那份純粹，不論結果是哪方獲勝，我心裡總有一種說不出的不快，也許是我太過善良，也或許是我不夠堅強。當面臨羽球和升學之間的抉擇時，猶豫再三的我選了後者。這是一種逃避，也是一種解脫。

國中階段我開始嘗試了一些不以「競技」為目的的運動，如攻頂玉山以及單車環島，比起競技，它們更像是自我挑戰。高中階段則延續同樣的想法，初進球隊我就立定目標——必定要參與一次「全中運」，這個夢想也在高二順利達成。在兼顧學業表現的情況下，爭取入選「全中運」的確是個挑戰。

二、從「磨練」變「享受」

過去的運動訓練過程雖然痛苦，但成果往往令人滿意，我把這樣的經歷稱為「磨練」，以便說服自己咬牙堅持。在常有放棄磨練的念頭時，我總能騙自己「再堅持一下就成功了」，這種想法如今仍在我的生活中貫徹。

升上高中，確定不往運動員的方向發展後，運動才逐漸成為讓我享受的喜好。不論是困難目標的達成或在運動的當下，我均能恣意沉浸其中，我想我是喜歡突破極限的成就感，以及能掌控自己的感覺。

上了大學，我加入排球系隊，和一群喜歡運動的學長和同學們在打球中飆灑青春的熱力，而且一周也安排幾次在學校的健身房進行鍛鍊。如今「健身」已佔據我大部分的運動時間——它是一個成為更好自己的歷程。

三、從「訓練」到「融入生活」

起初運動對我而言純粹是「訓練」，我從沒想過運動能融入生活中。這種轉變可以從兩個面向說起。

其一，過去訓練的經歷讓我成為一位自律、堅毅以及有恆心的人，對於挫折的耐受度遠大於常人。再者，運動變成我生活的一部分，一週三天的健身時間是我生活中不可或缺的「香料」，不去運動便渾身不對勁。

過去的累積加上現在持續，或許就像賈伯斯所說，這些經驗與堅持就像「點」一般，在後來的人生中會漸漸連成「一條線」，看著如今的自己，總能發現這一路走來的蛛絲馬跡。

運動帶給我一生受用的習慣

好習慣能讓我們往後的人生更加順遂。從小的習慣是父母陪著我們養成的，但能否堅持下去，則是我們自己的選擇。我認為運動讓我養成了以下這些好習慣。

一、自律：對自己負責

高中階段，我表現出一個優於常人的特質——極度自律。我敢肯定，運動是我自律的開端。

回顧國小、國中的「運動員生涯」，我總是最早開始練習、最晚回家休息的隊員。縱然有教練的監督，還是會有同學偷懶，我同樣也可以選擇怠惰，甚至隨便找理由請假，但我從未如此。即使生病，我仍會到場練習，這是我對這項運動，以及對自己的尊重。

現今的運動歷程也是如此。健身並沒有教練的督促，我同樣能自律。也許是有過去經驗的支持，也許是想成為更好的自己，縱使當天疲憊不堪，我仍會去健身房報到。因為我很清楚，一次隨意的偷懶就可能會使過去自律的習慣崩解。

二、堅毅：苦難、挫折並不可怕

我在「運動員」階段遭遇的苦難與挫折不勝枚舉。練球練到吐、卡巴迪練到整雙腿抽筋等肉體的苦難稀鬆平常。更為痛苦的是精神上的折磨——訓練的時間比別人多，為何我仍技不如人？

當出現這種想法時，我便開始思考：我也曾是坐在板凳席上為戰友們加油的小人物，憑藉加倍的努力才成為今日球隊的核心。如今，出現了更有天份的挑戰者，我該就此罷休，抑或是藉此機會突破過去的自己？

健身同樣會出現很多讓人想放棄的時刻，嚴格訓練卻無法突破最大重量、控制飲食體肌不增反減，這時常會出現「健身對我真有幫助嗎？」的念頭。每次遇到這種情況，我就會點開手機的相簿，看看自己從以前至今體態的變化，藉此重燃對健身的熱情。

三、有恆：耐心＋信心

運動是條漫長的道路，不論你的目的為何，其成效皆不會迅速呈現。舉我「攀登玉山」以及「單車環島」的例子。兩項挑戰都沒有難以跨越的坎，它們是難在「堅持」。攀登玉山整趟行程要花十幾個小時「爬山」，過程枯燥且疲憊，往往有人走不到十分之一就折返。單車環島則是一趟更長的旅程，八天的旅途每天騎車十二小時。過程經歷烈日曝曬、雙腿無力，騎經山路「壽卡」時我甚至因無力而下車牽引，「相信自己能完成」的信心很大程度地給予我向前的動力。

健身也是如此，其成效很難在幾個月內看出，即使如此，我仍需日復一日地上健身房，做著尚未見其成效的運動。

曾經，我也是那個三分鐘熱度的小孩。但如今，對於確定想嘗試的事物，我會用大把時間，熬過痛苦的撞牆期，而非立刻就放棄。

四、取捨：學習如何應對生命中的十字路口

如何取捨是我們一輩子的課題，懂得放手有時才能得到更多，更重要的是坦然面對做出選擇的後果。

我很幸運透過「運動」讓我從小就學會取捨。從國小練球需要犧牲玩樂、讀書時間，國中需要花費假日集訓，高中則要犧牲午餐、午休時間練球，抑或是我放棄了成為運動員的夢想而專注課業等。我永遠不知道如果做出另一個選擇會帶來怎樣的結果，我也認為這樣的猜測沒有必要，坦然接受一切選擇所帶來的後果，我想這也算懂得對自己「負責任」的一種表現吧。越早了解到生命中許多事物無法兼得的必然，便能越早學會負責任，這樣的心態對於讀書或未來種種磨難都會有極大幫助。

在運動領域的自我探索，讓我知道我是一個「熱愛挑戰」的人，沒繼續在體育界發展固然令我惋惜，但我在過程中仍收穫了不少好的特質，也養成熱愛運動、健身的好習慣。

每個人可能都有一項因為趨於現實而慢慢捨棄的夢想，不妨回憶自身經歷，相信過去在追求那些夢想的道路上，塑造了如今你的諸多習慣。就算夢想已遠走高飛，它也成為了你的一部分！

找到生命中真正熱愛的一件事，會為你帶來很多正面影響，運動為我塑造的人格特質在讀書時受用無窮，我相信好的人格特質放在往後的人生也會大有幫助。

希望大家都能找到一件自己真心喜愛的事物，持續進行下去，並嘗試將其應用在讀書上，相信這樣做也能塑造出優秀的人格特質。

理財不分年齡，高中生也要有投資概念

從小我有任何問題向媽媽請教時，她都能有一套讓我能聽懂的說法或解釋。但有一件事我一直很好奇，每當我看著媽媽在電腦上開著我看不懂的畫面，我便充滿疑惑地向她詢問：「媽媽妳在做什麼？」她只告訴我那是股票，你長大就會懂了，當我想更進一步了解時，她總是欲言又止。

這是我在幼兒時期和小學低年級時的記憶，後來才知道因為股市在早上才開盤，那時媽媽會打開電腦查看，只是當時媽媽覺得我還太小，不應該跟我說太多股票的事。

我的投資理財之路

因為這份神祕感，讓我從小就對股票、投資有所好奇，充滿幻想，但直到高中前都從未認真了解過該領域。直到實際學習後，才發現投資領域的廣博與其有趣之處。

一、Podcast點燃我學習投資理財的興趣

回憶起第一次接觸Podcast「股癌」是高一上十月多的事，當時被講者謝孟恭犀利的口條吸引。有趣的是他那時談論的不是投資或股票，而是「廢死」這個議題。這便是他節目的特性——一個分享投資故事、歷程、議題的聊天台，同時中間也會穿插很多和投資毫無關聯的話題。

因為它並不是一個詳細有條理地引領聽眾從零開始學習投資的教學平台，反而更像一個有資歷的投資人，向聽眾分享交易中與生活中有趣的見聞，以及他目前關注的市場議題。關於市場議題，需要具備投資經驗和知識才能好

好吸收。所以當講者謝孟恭談到與投資有關的專業話題時，當時的我似懂非懂。但我並沒有因此對該節目失去興趣，相反地，他激起了我的好勝心，讓我有充足的動機好好認識股票。

二、熱愛閱讀讓我進入心流狀態

我打算徹底建立好投資觀念，第一步便是透過閱讀大量書籍。股癌開的書單是我大部分的閱讀來源，在升高二的暑假，我總共閱讀了四十多本和投資理財直接或間接相關的書籍，類別包括股票、投資、管理、經濟學、傳記等。我除了短暫的運動、吃飯時間，剩下的時間我都用在閱讀與睡眠上。

當時的我熱愛這樣的生活，享受知識不斷灌入自己腦海中，隨著知識的累積，過去閱讀的內容還會再次被咀嚼、消化。現在回想起來仍覺得當時非常瘋狂，我甚至因為讀書時間太多而造成往後眼睛容易疲勞。但我一點也不後悔，因為這段時間的我非常快樂，我也透過這段歷程確定了「投資理財、股票」將在我往後的人生扮演重要的角色！

三、持續精進投資實力

開學後，我透過閒暇時間學習基本面、技術面分析。與此同時，我也在美股、台股開戶，實際操作累積經驗，並都先以投資我較熟悉的大盤指數ＥＴＦ為主。在基本面、技術面實力更加紮實以後，便嘗試進行主動選股。雖然至今主動選股的佔比仍較少，但我預計在投資實力更加成熟後，逐步加大主動選股的部位。

四、參加「台大財金素養計畫」線上課程

選擇此計畫的原因是為了確定我大學是否適合就讀財金系，提前了解他們教導哪些內容。

因為我有基礎的投資概念，所以課程中與之相關的知識對我來說並不是難題。經過了十六堂課的淬鍊，除了讓我投資面的基本功更加紮實，同時也明白財金和投資對我的意義。

我相信投資會是我願意花一輩子鑽研的興趣，但財金系對我來說並不會是個好選擇。因為財金系並不完全著墨在投資領域，還牽涉到很多業務，如保險。投資的精進主要還是得靠自學與實際進場練習。

與此同時，我發現了另一種可能性——量化交易。簡單來說，這是一種利用數學模型與程式設計建立出的交易策略。這剛好很契合我的個人特質：我的數理能力優異，同時又對投資領域略有涉獵。因此，寫出一套程式進行量化交易便成了我目前的目標。

五、補強基本面的分析實力

高中畢業後，我做的第一件事便是將過去買的「超級數字力」線上課程紮實地上完，其內容包括如何讀財報、加強財務思維、分析公司體質等。過去我也曾進行以上的學習，但受限於自己摸索的不足，學習成效沒有如今有人指導，且更具有系統性的效果來得好。

之後我也運用在該堂課上所學到的閱讀財報技巧，分析我過去投資的公司體質，並汰弱留強。

財富自由之外，更重要是正確的投資心態

至今為止，投資給予我最多的是心態上的改變，對於投資、理財，甚至生活與學習上的想法都變得更務實，也很清楚「賺錢」絕對不是一件容易的事。學習與增進自我更絕不能光說不練。

我將學習理財觀念帶給我的收穫分為以下幾點：

一、厚積而後薄發

過多的技術分析在當下也許徒勞無功，然而長遠來看，投資路上所有的努

力終有其用。我想人生的路也是如此，雖然有些事未必會有結果，但也沒有什麼事情是完全白費力氣的。

二、投資沒有最正確的答案

「不要為短時間的漲跌找理由」，我也把此觀念套用在生活裡。偶發的小機率事件，我並不會花太多心力去解釋它因何而起（因為也很難找到答案），而是會試著接納它。

三、善用網路資源，迴避雜訊

我認為網路是一個加速器，能擴大領先者的優勢、加快落後者的追趕步伐，但前提是要「善用」它。資訊量爆炸的副作用就是充滿雜訊。股票市場的雜訊會導致你過於頻繁交易，就像生活裡的雜訊也會導致你被一些不重要的事情影響心情。

四、心懷夢想，但也要兼顧現實

我們可以將小部分的資本用於衝鋒陷陣，但大部分的資金需保守安分。套用在生活便是我們可以心懷夢想，但仍要活在現實層面，在夢想與現實間學習取捨。

五、過去不代表未來

「過去的投資績效不代表未來的保證收益」這是一個合格的基金投資人需要知道的事。在生活中持續發生的事未來未必總是如此。

就如我們的生活經驗，今年的冬天很冷、去年的冬天很冷，但明年的冬天一定也很冷嗎？十年後的冬天呢？套用在學習與課業中，現在熱門的科系等到我們要就業時它還熱門嗎？現在看見的，未來未必也是如此，因此選擇自己有天分、真的有興趣的科系去探索，才是更合適的。

過度相信未來和現在會一樣不變可能造成嚴重後果。小則投資失利，大則選錯未來職涯發展，耽誤光陰。

六、「這次會不一樣」

這種想法也不正確。這點雖然聽起來和上一點有所矛盾，實際上並不衝突。在大部分的情況裡，未來發生的事件在過去有跡可循，一個持續的現象之所以能一直存在，通常有其道理。

面對投資或是生活與學習，我們不能自己騙自己，而是要理性誠實面對自己的內心和資訊。

七、做自己懂的東西，承認自己並非全能

一個人的精力有限，我們不可能什麼都懂。在投資界，我們要盡可能學習，並確立自己的專長屬於投資領域的哪些部分。在生活中，我們則要發揮自己過去積累的優勢，並在不熟悉的領域向他人學習，同時承認自己的不足。

八、不要固執己見，接納別人的說法，同時也須保有自己的原則

不要長期逗留於自己的同溫層內，適度到外面走走，激發不一樣的想法。但仍要保留自己的中心思想，不要隨波逐流。

九、不要文人相輕

比較太累人了。生命是一場無限賽局，資產也好、學歷也罷，比贏他人不過是再進入下一階段的比較而已。停止比較，將時間花在精進自己，這才是一件有意義的事！

十、人多的地方要小心

「群眾的共同認知」在股票市場往往是錯的，這同樣也可以套用在現實世界中。人多的地方相當危險，但這並不代表我們要遠離人多之處，而是要小心地接近他們，嘗試從這群盲目的人們身上獲利。當然，我們也必須意識到這群人們是盲目的，千萬不要與之共舞。

總而言之，投資對我來說並非「讓資產成長」那麼單純，它在我目前的生命中就扮演了生命導師一般的存在，也是我生活中一項樂趣的來源。但看著資產上下起伏，我的心情仍不會大幅波動，反倒會因為活用所學而感到興奮，也許我已經培養出合格的「投資人心態」。

未來的我在投資領域仍有很大的進步空間，那麼到時投資又將在我生命中扮演多麼重要的角色呢？想著都讓我感到興奮！

如果不確定目標，就出發去尋找吧！

高中是個特別的學生階段，時而迷茫，時而會下定決心奮力衝刺。我也是個曾經迷惘過的高中生，在經歷向外多元探索後，逐步認識過去那個連自己都覺得有點陌生的自己。希望我這段歷程的分享，能對於迷茫不知該往哪個方向前行的你有所幫助。

如果要用一個興趣，或一份專長來代表你自己，你能給我一個充滿自信的回答嗎？如果可以，恭喜你，請繼續將你的特長發揮下去；如果不行，那就繼續看下去，相信我的自我探索之路能給你一點啟發。

一、我到底喜歡什麼？

我一直覺得自己是個對世界充滿好奇的人，會動手嘗試我覺得有趣的一切事物。這個特質讓我的行動力很強，也因此培養不少興趣與嗜好。興趣廣泛是好事，這讓我能更好地調適自己的生活。但過去的我，還沒辦法選出能代表「我」的興趣或專長，我覺得自己喜歡好多事物，但對它們卻都沒有進行深度探索。

起初，我對這樣的情況並不在意，我認為自己可以持續發展多個興趣。直到家人和老師的提醒，我才驚覺，一個人的時間有限，我們很難同時在多種興趣上都表現亮眼。更甚者，應該要先培養第一專長，再利用過去的經驗培養第二專長。

舉例來說，我的第一項專長是羽球，當我想要培養其他運動當第二專長就相對容易，因為我有過去訓練的經驗，比起其他人更清楚如何「學會」一項運動。又或者我想培養的第二專長是彈吉他，羽球和彈吉他關聯性乍看不強，但想把兩者做好都需要大量練習。那麼過去練習羽球的經驗，將使自己在練習彈吉他時面對挫折的能力更強。培養第二專長的前提是已經有一個成果還不錯的第一專長，而非同時發展第一專長和其他興趣。

由此我也開始認知到，我必須正視「我到底喜歡什麼」、「我大學想念什麼科系」等問題。

高中階段是自我探索的黃金時期，如果能在這個階段確認上大學後想持續鑽研的「專長」，就能確保自己大學四年的學習不會有絲毫浪費。

二、探索理想的大學科系

高中階段，我曾因排斥父親繁重又疲憊的工作，而將與他職業類似的「學習程式設計」、「成為一名工程師」等選項拒之於門外。但在經歷了長時間的自我探索，才發覺原來「程式設計」是最適合我的工作。

我並不後悔花費大量時間最終卻回到原點，相反地，我認為試著「認識自己」是我做過最好的決定之一。

●文組科系

因為排拒父親的工作性質，加上我有不同於大部分同學的「文組特質」，所以一開始在尋找未來就讀科系時，我是先從文組科系下手。

我想過就讀「企管系」，但隨著對它的深入了解，發覺「管理能力」在成為主管後透過EMBA方式培養也不遲，現在更重要的是培養一個「有價值」的專長。於是我將目光投向「心理系」，我確認自己對心理學有興趣，但「自學」也許是更適當的方法。

「法律系」、「財金系」也是我的口袋名單之一，選擇這兩者很大的原因是因為預期出社會後的薪水會很好。但隨著深入了解，發現他們的收入甚至不及工程師的一半。「財金系」也並非如原先所想，該系並沒有大量著墨於投資、股票，關於投資的內容也因為不夠貼近真實情況而顯得「死板」。

總之，我的「文組科系探索之路」並不順利，但我也在這些摸索中有所收穫。我從一個對生命各種可能充滿夢想的少年，逐漸變成在權衡利弊下學會放手的青年。我的「文組夢」也許有很大的上限（財金系對應投信業、法律系對應律師事務所等），但其下限也比較低，對於有更多選擇餘地的我並不樂見這樣的豪賭。

● 醫學系、牙醫系

接著便是往醫、牙方面的探索了。

首先，我確定我不想花十多年在醫學系畢業後慢慢升到主治醫生。其次，和真心想讀醫科的朋友聊過後，深深覺得醫科的名額應該要留給對懸壺濟世真正有興趣的人。

而牙醫則是我較感興趣的科系，我戴牙套矯正超過三年了，比起醫院，我更喜歡牙醫診所的環境，同時對牙醫師會接觸的材料、力學、化學等內容感興趣。我還想在大學加強「生物、化學」的學科實力，因為我對這兩科目特別感興趣，這也是我高中就讀三類組的原因。

然而和家人討論過後，我們認為從事「寫程式」方面的工作，好像更符合我喜歡冒險和挑戰的個性，而「牙醫」的工作相對穩定，穩定，在現階段並不是我真正想發展的職涯。

因此我選擇了不確定性較高，但更有「夢想」的電資科系，希望這樣的探索方向能為我帶來相對應的好結果。

●電資科系

最後，便是關於理工科系的探索。主要有三個科系，分別是電機系、資工系和資管系。三者都和程式設計息息相關，但各有其特色。

（一）電機系：包含大量電子、電路、電磁學的內容，也需要手作電路板、自行設計裝置等，而其中要讓物件產生反應便需要「寫程式」讓它們執行。

電機系的課程可以說是最紮實的，也因其課程包羅萬象，包括半導體、IC設計、生醫電子……等，所以有相當多跑道可以轉換。對我來說，讀電機系能學會「電子機械的運作原理」，對於一個想往高科技產業發展的人，我覺得多學這些會有幫助。甚至如果在未來想要創業，即使是已有專人負責的項目，身為企業的管理者能懂對方在做什麼也很重要——如同馬斯克對他自己的要求。這樣不僅能更體恤下屬，也能知道他們需要哪些幫助。

(二) 資工系：對於資工系來說，程式設計就是其命脈，不管是現在很夯的人工智慧、曾經風靡一時的元宇宙、眾人手上的智慧型手機、電腦裡的網站，或是我想鑽研的股市交易策略——量化分析等，都是建構在「程式世界」的產物。

程式設計又分為軟體、硬體。硬體在台灣比較具優勢，如ＩＣ設計；而軟體發展則是國外的主要趨勢，如GOOGLE、微軟等公司。

有趣的是，資工系教授並不會教學生「寫程式」，甚至可說「寫程式」並不是一個多厲害的專業，重要的是怎樣「寫好程式」、怎樣「發揮自己的想像寫程式」。所以在資工系學習的是資訊概論、資料科學、計算機概論等內容。如果以蓋房子比喻，資工系是在培養一位出色的設計師而非工人。

（三）資管系：全名是「資訊管理學系」，顧名思義課程包含資訊和管理的內容。

起初我對該系抱持「會不會資訊和管理都無法學好？」的想法，但隨著我深入理解，並親自到該科系走訪，以及台大資管提出的保證，我確定資管系也是一個好科系。

該系程式設計的課程內容主要著重在軟體的程式設計，如同前述，這方面國外較強，如果走純軟體路線出國深造或工作，是更好的選擇。而管理內容主要是希望該系培育出來的學生，在進入職場後和同事、上司與下屬能有更融洽的相處模式，甚至能因此獲得更好的就業環境等。該系的部分選修課程，也提供對於程式設計缺乏熱情的學生轉換跑道至會計、統計、財金等工作機會。

總結以上三個科系，對我來說電機、資工、資管是逐漸變窄的三條路。所謂「變窄」，是指該科系學習的內容，還有未來的工作選項相對不廣泛，但也更貼近我目前對未來職業的嚮往。

其中電機的路最寬廣，但電機系會學很多電機的硬體技能，而我比較不考慮當硬體工程師。日後如果選擇成為軟體工程師，想到大學讀了那麼多用不上的技能，好像會有點浪費。而且老實說，想考上台大電機系，是因為那是二類組的第一志願，但跟自己未來職涯想要發展的方向，其實並沒那麼契合。

資工則是最貼近程式設計的科系，能走的路包括軟硬體程式設計。但也許這樣最終會讓自己活在舒適圈，不敢出國闖蕩。安逸的生活不是我所期待的。

最後，資管系則是一條雖然狹窄，但對我來說是最合適的路。首先，我具有一般理工學生較少具備的人文特質，我對「人」充滿好奇，這能對應到資管系的管理課程。其次，我對軟體程式設計內容更有興趣，不管是未來至國外的軟體公司工作，或是自行摸索量化分析等領域。因此，在清交電資與台大資管之間我選擇了後者，因為我相信台大這所放眼國際表現亮眼的大學，除了能授予我學科知識之外，還能帶給我一些清交所無法帶給我的。

此外，我並非獨自面對這三個科系的抉擇。我和父母討論，也詢問過師長和同學的意見。讓我印象最深刻的是高中英文老師給我的建議。她說：「在清大、交大會看見很多優秀卻默默努力的同儕，在台大能看到各式領域的傑出人才，而且他們不吝於表現自己。讀清交電資更偏向直線型的未來，考個研究所，畢業後就到竹科上班。而台大資管的路雖然多了點不確定，未來卻可能有更多的發展機會。」

也就是說，讀資管系畢業後，有可能創業、去美國當軟體工程師、留在竹科上班，或是轉向文組發展，這些都是畢業學長們選擇過的歷程。這樣的未來充滿多元的冒險與挑戰，也是我所嚮往的。

附錄

讀書不只努力，更要有方法

——————by 林祐亨

國文超高效學習法

對我來說，國文科的處境很尷尬，因為考試制度讓該科處於窘境，要怎樣衡量讀國文能帶來的報酬也很讓人苦惱。

根據學測制度，不同學校、不同系所學測採計科目自訂。以二類科系來說，是否採計國文便是他們最大的差異。而我心中的夢幻校系都不看國文成績，所以我學測的準備策略便是專心衝刺英、數、自，國文只要穩住13、14級分就好。

但對於要堅持到分科測驗的人來說，因為沿用學測成績，所以學測國文的成績就很重要了。沒有人能預知自己屆時會不會要進行分科測驗，所以我還是建議大家，除非清楚知道自己學測、分科的理想校系均不採計國文，否則還是從高一就開始把國文基礎打好，學測複習也不能放棄國文科！

長期累積國文素養是關鍵

學測的國文科考試分為國綜與國寫，各佔一半的分數。

先說國綜部分，通常前三題會是形音義、找錯字、成語這種「能準備」的題目，但其範圍非常大，需要從高一就開始慢慢準備，光靠學測複習是難以應付的。

接下來會有考字義的考題，通常是出自核心古文十五篇，這是要穩穩拿分的題目。剩下就是一些沒有範圍的考題，如白話文、文言文閱讀理解題組，這就需要大量練習累積實力才有機會穩拿高分。

另外，國寫又是不確定性非常高的考題，分為情性、知性兩部分，各佔一半分數。情性題的發揮很吃生活經驗，而知性題的發揮則可以靠過去經驗的累積，自行想出合理、能說服考官的一套邏輯。

國文想穩拿高分必然要透過長期累積和大量練習，但我們很難掌握需要付出多少時間，當然不能因此荒廢其他科目。與此同時，國寫又是另一項不確定因素，所以國文科的準備往往讓人擔心徒勞無功。

國文科固然是一門對於考試來說，投資報酬率較低的科目，但在學測這種篩選制度下，每科實力均衡的學生會更有優勢。不僅如此，學好國文也對未來人際互動大有幫助，所以那些確定學測要讀國文的學生要從高一開始就先穩紮穩打；至於要考比較不注重國文科系的學生，就在不影響英、數、自的前提下準備國文科。

國文六大學習法

將自己的心態調整好後，歡迎你參考我學習國文的方法。

一、形音義也很重要

如前所述，形音義是有確定「對錯」的題目，也是考生能穩穩拿分的題目，但考生可能因其分數佔比不高而忽視該題型。

因其要準備的範圍太廣，我們能做的就是從高一就打好基礎，減少學測該題型的複習量。像是透過寫書商附的講義、習作，以及筆記老師課堂上教的形音義等方式。

二、用作者的觀點理解白話文

每個人對白話文的解讀都有所不同，肇因於我們過去的經驗、學習等。

在上課時可以和大家討論自己的觀點，並透過老師的引導，吸收並接納作者的觀點。但在考試時，我們要「用作者的角度」去思考，在檢討考試時也要接納作者的想法。此時用自己的主觀意見和老師爭執是沒有意義的，不僅浪費自己和大家的時間，也會讓自己逐漸變得不願意接納他人的觀點。

三、將上課當作一場文學之旅

老師上課時間著墨較多的內容通常是文言文。不知道大家有沒有想過，為什麼我們要讀文言文？我覺得是為了讓我們學會使用這項「工具」吧！

過去中國文學留下不少讓人拍案叫絕的佳作，漢賦、唐詩、宋詞、元曲、短篇小說、傳奇等種類都有不少傑出代表。不同時代、地區的文言文有他們獨特的用法，這導致其精華難以透過翻譯成白話文表達，最好的方式便是學會當時、當地的文言文用法，用自己的能力去體會作品，也能避免因翻譯而增加的主觀意識。

四、先讀一遍文言文，再讀一遍翻譯

在讀文言文的文章時，我會先看一遍內容，用自己的能力嘗試翻譯，標記出自己不懂的字。接著去看翻譯，看看內容和自己的推測差別在哪裡，自己不懂的字是什麼意思，並將它們記錄在筆記本上。

不要過度依賴翻譯，一定要先讀一遍文章內容再讀翻譯，這樣才能清楚知道自己哪部分不熟、哪部分理解錯誤。遇到不懂的內容跳過也無妨，可以前後文推敲看看，成功推測語意的經驗會成為未來應戰考試的資本。

五、養成閱讀的習慣

閱讀不僅能提升國綜表現，國寫能力也會因此受益。不論閱讀哪種類型的書籍，都會對閱讀理解能力、閱讀速度的提升有所幫助。試著在讀完一本書後，書寫幾百字的心得與摘要，有助於提升我們的統整能力，這也是白話文題組常考的題型。

國綜表現則會受閱讀的書籍種類影響，像我高中階段讀最多名人傳記、投資理財、管理、金融知識等較理性的書籍，我寫文章的口吻也比較類似那些書中作者的表達方式。

我認為讀小說是幫助國寫的妙招，金庸應該是個不錯的選擇，可惜我當初沒有養成讀小說的習慣。

六、國寫的小撇步

國寫就如同英文寫作一樣，多練習總會有好結果。但前提是要請

國文
英文
數學
社會
自然（高一）
自然（高二、高三）

老師幫忙批改，並修正自己的不足。

在國寫中，華麗的辭藻不是必需，甚至在大考中心公布的參考文章中，也較少看到用華美詞藻包裝的文章。

將國寫分成情性題與知性題來看，情性題最重要的是感情的流露，對自己影響很深遠的事件，如果無法用言語表達出來感動考官，真實故事再感人也沒用。相反地，一個平淡的故事如果能醞釀出不一樣的情緒讓考官記住，那便是一篇成功的文章。而知性題的重點在於邏輯、脈絡有條理，可以嘗試列點式說明，最好還能引用數據、事例佐證，這樣會讓自己的論點更有說服力。

總而言之，如同其他科目一樣，學習國文不光是為了應付學測，也是為了理解不同思考的方式和感受，幫助自己在人際往來上更游刃有餘。用不一樣的心態看待學習國文這件事，也許會讓自己更心甘情願花費時間在這門「不確定要不要採計」的科目上。

英文超高效學習法

英文不僅是一門學科，也是一門了解他人的語言，更是一種參與全球化的溝通工具，因為英文是全世界最多人使用的語言，甚至可以說是地球村的語言。

雖然英文的實用性取決於我們未來工作可能面臨的環境，但無論如何，學好英文總有將其派上用場的時候。

我們在學習時，不妨將它想成一個和世界接軌的工具，是讓我們能擺脫現代另類「文盲」的利器，而不該將它視為一門凶惡的學科。

接下來，讓我分享學習英文的方法與心路歷程。

一、改變看待英文的態度

這裡指的態度有兩點，其一是前面說的，應該將英文視為一項好用的工具，而非艱澀難懂的學科。

另一項則是幫助自己能更直接了解這個世界。我之所以擁有要「學好英文」的堅定信念，這樣的改變源自於我個人深深的體悟。能輕易閱讀國外論文，是我在高中階段學好英文帶來的最大便利之處。要做理科實驗或課程內容的延伸探討時，使用英文搜尋不僅能獲取大量的研究資料，也能避免因為他人翻譯而導致的主觀解讀。

二、做好背單字的基本功

當談到學習英文時，「背單字」的畫面應該會不約而同浮現在大家的腦海中吧！也許在絕大多數人的回憶裡，背單字是件枯燥乏味又缺乏意義的事，但我必須誠心跟你們說，背單字是學好英文的基礎。

據我高中英文老師說，台灣高中的英語課程水平差不多等同美國小學生的水準。我們不妨回想國小時自己的國語課，是不是在練習生字語詞練習簿甲、乙本、造詞、背註釋等，這不就等同我們在高中時「背英文單字」嗎？不知道這個類比解釋，會不會讓大家更心甘情願地背單字。

總而言之，想學好一門學問，從基礎打好是最務實的方法，同時也不會埋下隱患，學習英文亦是如此。不妨讓我們用「長線思維」（犧牲眼前利益，換取往後報酬）面對「背單字」這項枯燥的任務。

三、單字強效記憶法

以下是一些我常用的背單字小技巧。

- 首先，我會把單字書的生字手抄一遍，抄寫有助於我的記憶。同時我也準備了一本單字小本本，隨時記錄遇到的陌生字詞，並在搭車等空閒時間翻閱。

- 其次，我認為將單字唸出聲音有助於記憶，往後再看到同一個字時，辨識成功率也比較高。
- 最後，我會進行回想與比較。我每次大概只背十個單字，在之後繼續往下背誦新單字時，也要回頭複習先前在同一單元中背過的舊單字。如果忘了某個單字就回去查找，不要覺得這樣做是浪費時間。此外，我也會透過同（反）義字的連結記憶，幫助加深對單字的印象。

四、記憶文法，培養語感

文法觀念是我在英語學習過程中較弱的一個項目。

過去我很排斥用套公式的方式學文法，我覺得這麼做雖來看似理性，卻讓語言失去了美感。當然這只是我一廂情願的想法，結果便是我的文法學得很糟。

其實想把文法學好也未必一定要套公式，在培養出語感後，所有文法問題便會迎刃而解，但語感是需要長時間培養的。當初的我並不知道語感的重要性，也沒有花大量時間將自己置於英語環境中。然而只要能領悟這個觀念，就永遠都不會太遲。

後來，我還是「屈服」於套公式的方式學習文法。如前所述，培養語感是個時間的累積，並非一蹴可幾，但為了應付即將來臨的學測，我需要快速打穩文法基礎。所以我開始採用一邊培養語感，一邊用公式記憶文法的方式並進學習。

我認為透過廣泛閱讀能很好地培養語感，特別是讀英文小說、新聞、報章雜誌等。所以我從自己有興趣的主題開始接觸閱讀，並持之以恆。

五、沉浸式學習

為什麼我們在小小年紀就能學會說話？那是因為我們身處在充滿中文的環境裡。那如果將我們置於英文環境中，聽、說能力應當也會有所提升。

我建議選取零碎時間（如通勤）聽些英語內容，像是高中生必備的英文雜誌、英文Podcast、流行音樂等。一如前述，從自己有興趣的內容下手，這樣更容易使好習慣長存。

此外，也可以試著參加一些以英文為主要語言的講座，就算內容無法完全聽懂也沒關係，我們的目的是讓自己「習慣英文」。我認為更好的沉浸式學習是將自己完全投入英語環境，而我就進行過這樣的冒險。在等待大學開學的暑假期間，我和朋友一同前往東歐的奧捷斯匈進行了十九天背包客的自助旅遊，日後有機會再和大家分享實際經驗與心得。

六、應試作文的祕訣

雖然學習英文最終是讓自己有和世界接軌的能力，但我們仍須將高中階段的英文大考考好，以便讓自己站在更好的位置選擇未來的校系。

學測的英文考試寫作共佔20分，想獲得高分有幾個重點。

- **減少失誤率：**作文的扣分標準固定，通常一個小錯會扣0.5分，即使整篇作文平庸，但錯誤甚少，也能拿到14左右不錯的分數。
- **句構多樣性：**文章永遠都是直述句會讓人覺得平淡厭煩，更何況閱卷老師要看大量作文。透過改變句構讓老師耳目一新，是更有機會拿高分的策略。

- **起承轉合：**如同中文文章，寫英文作文也要有起承轉合，這樣你的故事才有張力，不然會讀完就忘記了，很難將分數拉高。
- **大量練習：**養成固定練習寫作的好習慣，並把文章拿給老師批改，並與老師討論。建議在升高二暑假就可以開始練習這樣做，因為越接近學測時，老師要改的作文就越多，能花費在你身上的心力也會變少。

總的來說，上述的第一點是不要失分的技巧，而第二、三點是拉高分數的關鍵，第四點則是學好任何事物的關鍵。若能這樣做，相信你也能在學測英文獲得理想的分數！

國文
英文
數學
社會
自然（高一）
自然（高二、高三）

七、勇敢地「說」吧！

溝通是學英文的主要目的之一，所以「說」的練習也相當重要。但對於一個從小沒有大量暴露於英語環境中的學生來說，怎樣的學習方法才合適？首先便是養成開口說英文的習慣，不要害怕說錯，只要願意多說便會進步。

但我們生活在一個不需要用英文對話的環境，什麼時候練習「說」才好呢？我的答案是：每當自己有短暫的空閒時間，可以試著用英文和自己分享一天的見聞，最好還能將之錄音，這能為自己的進步做紀錄。

此外，也可以用英文和朋友、家人分享自己有興趣的主題，因為是自己關注的主題，所以會更有意願將其轉換成英文與人分享。用此方法慢慢培養出自信，英語口說將不再是難題！

數學超高效學習法

從國小到高中，數學一直是我的罩門。過去學習數學時曾遭遇不少挫折，但我從未放棄，不斷想方設法提升自己的數學能力。如今，我對數學已不再充滿恐懼，數學也成為我的拿手科目。

接下來，讓我來分享學習數學的方法與心路歷程吧！

一、上課就聽懂

能在課堂上就聽懂是最理想的情況，如果當下有問題，該節課下課就立刻帶著整理好的問題向老師、同學請教。千萬不要想著回家後再自己弄懂，因為如果問題沒有馬上解決，回家後往往會忘記自己為何不懂並草草帶過。同時，拖延課堂上的疑問可能導致缺少下堂課所需的先備知識，如此惡性循環只會導致增加更多學習數學的挫敗感。

回家後的讀書時間應該要複習當天的學習內容，並做題目加深印象。如果時間足夠，可以預先讀一遍隔天要上的內容。

我並不建議自行超前進度做題目，因為高中的課業負擔滿重的，在需要兼顧全科的前提下，著重單科的讀書時間並不多，超前部署的學習成效也未必理想。

二、「證明」很重要

「證明」能讓我們了解數學定理、公式的由來並不是巧合，而基本的數學公式構築起了整個數學世界。想紮實地學好數學，就必須留心黑板上或複雜或反直覺的證明公式。

數學是一門人類創造出來的學科，我們必須接納前人習慣的用法。熟記證明，在某種程度上類似接納前人給予某些定理、公式的推導與註解。當你能自行證明某一公式、定理時，代表你對該知識點有較高的掌握度，接著再進行題目的運算，我認為這樣的順序更恰當。這就好比先知道自己要做什麼、在做什麼，再開始大量練習。

三、「觀念」要讀三次

我沒有補習，取而代之的是利用一套線上教材自習。

當我在明白數學是我的罩門後，便將更多時間投入在打好數學的基礎上。在學習新單元時，我會將其觀念讀三遍，第一遍是學校聽課，緊接著第二遍是線上教材聽課，最後是自己讀一遍講義。通常每讀一遍，都會補足之前沒學到或沒搞清楚的地方。

這個方法看似不太聰明，卻讓我把過去段考數學不及格的恥辱，躍升為高二上期末考數學一百分的榮耀。

四、多練習，不要「死背」

數學是一門很活的學科，我想科學領域皆是如此。永遠會有你沒看過的情況、題目，也許靠大量刷題能對某些題型瞭如指掌，但大考不會讓你這麼輕易就猜到考題，就算真的靠「背」得到高分，也許能獲得不錯的結果，但該收穫的過程卻一無所得，這麼做是否本末倒置呢？

但上述的說法不代表「數學」不用練習，在我的觀念裡，數學必然需要大量練習。當我面對一個嶄新的單元時，我會從「最基本的題型」開始練習，重複的題型則不需要浪費時間反覆演練，熟悉了以後我會往進階的題目挑戰。難題我會給自己多一些時間思考，但一題不會想超過五分鐘，真的想不通就跳下一題做，有的時候洗個澡就突然開竅想通了。

如果算數學算得很煩躁，不妨將自己置於其他環境，轉換一下心情。

五、想不通就畫畫看

幾何類型的題目一定要畫圖，甚至連正四面體之類的立體圖形也要畫。比起憑空想像，有一個參照的標的物更能輔助我們思考。鉛筆盒裡最好備著一把尺和一個圓規，可以的話，盡量將圖的比例畫得精準與美觀，至少對我來說，漂亮的圖能給我更多解題的動力。

再者，學過向量的高中生不要排斥座標化，自己畫的圖亦同。基本上只要耐心將圖座標化，困難的題目都能化簡。

此外，畫畫看不局限於幾何類型的題目，包括排列組合、指對數函數等，當卡關的同時，心中又萌生畫圖的想法，不要猶豫，畫就對了。就算無法靠畫圖解答，也能活化自己的思路，而非停頓在原地。

六、善用錯題、筆記本

在離學測還有段距離的時候，我通常會用錯題本記錄小考、段考的錯誤題目與訂正過程，並在旁邊寫上這題需要運用的觀念。

在大考前一天我會做過去的錯題，如果還是不會，就再「偷看」一下自己的訂正過程。在準備學測的時候，我除了運用錯題本，還準備了數學科的筆記本。此外也會記錄老師黑板上的證明、統整該堂課所學，以及一些我認為有意思的題目。

寫筆記不僅能讓我上課更專注，回家複習老師上課講到的特定觀念時，就不會茫然，不知要從何找起。

七、虛心請教同儕

同儕是很好的學習夥伴，但我們必須考慮幾個前提。

在詢問同學課業前，該先自問是否真的認真思考過了，這題再想一想會不會就有解答了？卡關就立刻請同學幫忙解題，真正學會的其實是你的同學，下次再遇到相同的題目時，你還是不會做，因為你甚至都沒想過「為什麼我不會這題」。

請教同學時，比較好的做法是「問觀念」。你可能卡在不知道題目想考什麼觀念，這時可以參考並學習同學的做法。也可能你自己有想法，但缺少了某些知識，在詢問同學之前，可以先和對方說說你的想法，讓他照著你的思路思考，這能幫你看到自己目前欠缺與短少的知識或視野。

請教同儕的前提是建立在他願意、也有空的前提之下，這樣才有可能建立一個好的長期互助關係，並且一同進步。

八、摸索出自己的一套解題邏輯

一道數學問題，在沒有限制的情況下，通常會有多種解法，而我們都會有自己最擅長的領域。有人擅長幾何、有人擅長代數，以我為例，我擅長的是向量。當遇到數學問題時，我便會先嘗試用向量的角度思考能否解題。也許該題用向量解法不會最省時、省力，但對我來說更容易思考，且錯誤率更低。

建立一套自己的解題邏輯需要長時間的練習，先從發覺自己擅長數學的哪個單元開始吧！

九、曾學過的內容也不能忘記

對於高一、高二的學生來說，段考是該階段最重要的考試，當下抱持的心態大部分都是只要應付段考就好，前一次段考學的東西忘掉也無妨。我也曾是如此。

以一個過來人的身分，我可以告訴你們，這樣的想法大錯特錯。

首先，學測考的是高一、高二的數學，每個題目都不會只用一個單元的觀念，必然需要學生融會貫通，如果前面所學的東西全忘了，複習學測的時候會很手足無措。

再者，數學本身就有其連貫性，或者說課綱賦予其連貫性，如在學微積分時就已假定你會基本的除法原理與斜率等概念，如果前面已學的知識都忘得一乾二淨，那想把微積分學會可能又要靠死背了，這種死循環只會讓我們更討厭數學。

社會科超高效學習法

雖然我就讀第三類組，社會科不是我們的主要科目，但我對地理、歷史、公民情有獨鍾。

有別於其他的同學，我願意花時間在這些看似「不重要」的科目上。其一是因為真的享受讀社會科的時刻，特別是在被理科「折磨」過後。其二就如同前面一再提及的觀念，讀書不僅是為了考試，更是要形塑自身。社會科的學習能讓我們更貼近真實世界，也就是「社會化」，這是很多只活在自己小小世界的「理工男」所欠缺的。

接著讓我分享幾個讀社會科的方法，同樣會註記適合的科目。

國文
英文
數學
社會
自然（高一）
自然（高二、高三）

用時間軸記憶事件——歷史

歷史課本的編排方式是先將大事件分類，再分別依時間順序討論事件的影響。如：現在的知識點在教二戰，便會將二戰的過程、世界局勢的改變、二戰期間的文化等，依時間先後順序討論。這樣的編排容易讓學生聚焦在該單元討論的主題，但我覺得並不利於學生的理解。

我認為第一遍學習歷史知識，要先將所有內容照時間順序閱讀，將在同一個時間點的文化、政治、世界局勢都放在一起討論，因為每個事件是會互相影響且密不可分的。

建議讀過一遍課文後，用做筆記的方式將重點內容依時間順序整理，接著再整理課文筆記。這樣不僅能更快上手，也會加深對於事件的印象及彼此間的關聯性。

投身於課本中的世界——地理、歷史

高一的地理課內容著重於基礎工具、分析方法的使用，如疊圖分析、麥卡托投影等。高二開始便應用過去所學，將視野拓展到全世界。我們可以透過閱讀課本、聽老師講課，投身於不同的文化、不同的國家、不同的地形，對我來說這是一件很有趣的事，同時心中也悄然埋下一個要走過地理課本上所有提過之處的想法。

高一的歷史課多著墨於台灣歷史，我對此方面的興趣較薄弱，但我也試著想像自己回到過去的台灣，經歷課本上所有的大事件。升上高二後，開始學世界歷史，我知道屬於我的舞台開始了。隨著課程的推進，我一下遊蕩在中世紀的歐洲，一下置身於人心惶惶的冷戰時期。

將地理、歷史課文想像成一本小說，而自己是故事裡的主角，跳脫時間、空間的框架。我認為這樣的學習方式更加有趣，全心投入的成效會比單純記憶更好。

喜歡就多學一點——公民

三個社會科目之中，我最喜歡的科目非公民莫屬。不論是討論遺產繼承、民法、刑法，又或是談起經濟學，每一個主題我都很感興趣。因為喜歡，所以我試著自己為課堂上學到的內容做延伸。

首先，我在網路上查過大法官釋憲案。其次，我透過台大的線上課程學習保險、銀行、財金等相關知識。最後，我也透過統計手段親自解決課堂上的疑惑——最低薪資與失業率的關聯是否真的如同課堂所說。

在高中階段，公民一直都是我的強項。我的雙眼總是炯炯有神地盯著老師，僅是上課認真便能在每次段考都拿到九十五分以上的成績，不需要花太多時間額外複習。我想這就是「喜歡一個科目」的力量吧！

總而言之，當你發覺自己有喜歡的科目後，便可以自行延伸該科知識，這便是培養出自學能力。這樣的經驗在往後需要自行解惑時將大有幫助。

和老師有所互動——歷史、地理、公民

社會科都是與「人」較有關聯的學科，老師上課時會更注重與學生的互動。

如：公民老師會用遊戲的方式抽點同學，確保大家有專心上課。地理老師會用搞笑的方式描述課本內容或是最近發生的國際大事。歷史老師會在帶領我們回到過去時，穿插一些不是課本內容但有趣的

「歷史小常識」。

老師們都在用自己的方法吸引那些「理科生」對自己的課感興趣。當我們願意投入精神和老師有所互動時，不僅對自己的學業有所幫助，也是對老師最大的鼓勵與尊重。

兼具理性與感性——歷史、公民

我喜歡把社會稱作「社會科學」。談到「社會」必和人密不可分，談起「科學」則講求精確，因此想學好社會科，便需要兼具理性和感性。

「歷史總是驚人的相似」，這是我滿喜歡的一句話，從歷史課本中也可獲得驗證。極權、反抗、戰爭、饑荒、共和、極權……這是我在歐洲歷史上看到不斷重複的故事。這是用理性的角度來分析。但用感性的角度來看，上述的輪迴便有例外——人們總會盼望明君的出現，偶爾也有不負眾望的君主降臨。他們反對戰爭，不貪圖權力，這便是我們理性分析的例外，我也把這稱為讀歷史時所需要的「感性」。

公民也是一樣的情境，法律條文的嚴謹需要理性的思維學習，但在追求民主、人人平等這一方面，未嘗不是一種感性的理想呢？

總而言之，不論你想讀文組還是理組，我都認為該學好社會科，我會給出以下理由：

- **繁星推薦**：繁星採計高一、高二社會科成績，然而僅採計高一自然科成績。
- **給自己更多選擇機會**：我建議自然組的考生也要報考社會科，我的同學、學長均有跨考財金系、經濟系、統計系的案例，很多學校的這些科系都要採計社會科，在未來情況還不夠明確時，給自己多一點的可能性吧！

● **學習不光是為了考試**：如同本文開頭所說，學習社會科能幫助我們融入這個社會，這也是我眼中典型「理工男」所欠缺的特質。提早認識這個社會總比被社會傷害好。

● **捍衛自己的權益**：這是專屬於學公民的好處。好好學公民，就能對法律、遺產繼承、經濟、國際貿易等日常生活瑣事有概念，遇到麻煩時更知道要向誰求助。

學測社會科14級分，靠的不僅是上課專注，還有想要好好了解社會運作的過去、現在和未來，讓學習不再是為了應付考試，而是可以靈活運用的知識。

自然科超高效學習法——高一篇

高中的自然科由物理、化學、生物、地科所組成，且根據108課綱的安排，高一和高二、高三的課程深度、難度差異極大。這樣的制度有好有壞，好處是在未來選擇類組前，學生已先透過課程內容廣泛探索過，確認自然領域是否為自己的興趣。然而，壞處便是剛升高二的學生，難以適應突如其來的繁重課業。

這篇文章，我先分享高一時自然科的讀書方法。

一、不要遺漏任何細節

高一剛入學時，剛翻開自然科課本的我，驚訝於課堂中教的知識有一半國中都曾學過，所以我一開始並沒有太把自然科當作一回事。直到經歷幾次小考、段考過後，發覺成績始終不是太漂亮。我檢討後，給出的原因是我忽略了許多「細節」。

原先我以為在國中學過的觀念，高中的課程可能只是將這些觀念再加深與精確化，因為在國中有些內容曾用簡單的方式呈現過，但不一定精確，等到高中時，才會把過去的觀念修正到目前我們認為最正確的、與適合高中生理解的版本。課堂上也的確會遇到國中觀念的延伸，有時候在考試時可以靠自己推論出來，但這樣耗時，推論也未必正確。

因此我下定決心要更專注於課堂的內容，不要遺漏任何知識，就算是我認為國中就已學會的知識，也要在高中階段再好好重學一次。

國文
英文
數學
社會
自然（高一）
自然（高二、高三）

二、簡單的計算也要動手演練

高一的自然科有時需要進行簡單的運算，其複雜程度和高二之後的物理、化學簡直是天壤之別，我也是在「簡單計算」上栽了一腳，才產生「動手練習」的想法。

物理的估計原子數目、化學的PH值、地科的半衰期、生物的含氮鹼基比例，這些計算題其實更需要的是觀念，但其中的計算能力也不可或缺。

- 首先，在有限的考試時間內，如果熟悉計算流程，會有利於自己作答。
- 其次，計算過程的常數等也能透過練習更加熟悉。此外，如果長時間沒有練習計算，計算能力會減弱。

●最後，練習計算能減少粗心的可能性。在我的觀點中，不論多簡單的觀念、計算等，我都會認真再學一遍，這是我因為太有自信、過於輕忽而吃過虧後的反思。

三、靈活思考、從容應對

高一自然科課程對應的大型考試為學測，學測又是出了名「靈活」的考試。用一樣的觀念延伸出完全不同的題目，是學測常見的方式，如果是只會「死讀書」的學生，很難應付千奇百怪的題目。

尤其是學測的「自然」考科，其考法著重於學生觀念的理解，少有計算。而為了讓這份考試有鑑別度，部分考題需要將原先的觀念轉很多彎。所以在學習時首要任務是把全部觀念弄清楚，緊接著就要讓腦袋「靈活」。

透過下面幾個步驟，可以讓自己的頭腦與思路都更靈活。

- **釐清學習該知識的目的**：為什麼要學因次分析、體積莫耳濃度？當你發現每個小知識將串連並形成科學世界，最終構成這無垠的宇宙，你便更容易在不同學問之間跳躍。
- **串連過去所學**：知識的學習是連續的，不該因為要面對某項考試而快速建立短期記憶，但考完試後又統統忘記。串連過去所學能幫助自己整合類似的知識，過去學習的經驗也能讓自己在面對未知挑戰時更容易上手。
- **「如果我是出題者，我會想這樣考學生」**：在面對某些知識、題目時，我會有「這題會考」或是「我想這樣出題」的感覺。我不確定我猜中的機率高不高，但只要開始思考可能會有哪些新穎的考題時，面對未知題目時便會更加從容。

總的來說，在透過上述方法建立靈活思考的能力後，最重要的還是在考試當下的從容應對。你沒看過的考題大家也都沒看過，這時候測試的就是觀念的掌握度和面對未知挑戰的自信。

四、地科——一門神祕的學問

據我所知，國、高中都很缺地科老師，在我高一時，甚至是由代課老師為我們上課。同時，高二、高三後都沒有地科課（以三類組為例），學測的複習得完全依靠自己。所以最好在高一就把地科的基礎打好，減輕往後複習學測的壓力。

有趣的是，地科在全校段考分數平均大約落在60出頭，算是數一數二低的科目。這也許是因為要記的觀念太多，也或許是因為課程太緊湊。但我高一的地科成績還不錯，穩定地在校排十名內，我想是歸因於以下的學習策略。

當初學地科時我也是滿肚子疑問，每堂下課通常都有一群學生圍著老師問問題，我也是其中一員。除了主動提問，我也會透過別人的問題來檢視自己的學習狀況。

另外，我也透過線上課程補強學校課堂中有限上課時間的所學，甚至延伸學習新課綱沒教的重要內容。當時我們因為疫情期間是線上上課，最後的好幾個單元都用線上的方式進行，學習成效其實滿受影響的。

如何準備自然科學測

我要特別和大家分享我是如何準備學測自然科考試，因為我認為這科目真的太「特別」了。

學測的考試時間是高三寒假，所以在考試前我們在學校已經度過了五個完整的學期，但自然科考試的內容卻僅有高一範圍。

就像我前面提到的，物理、化學、生物都會在高二、高三有加深加廣的課程，但其實就是把高一的內容拆分成四、五冊後，分別丟到四個學期上完。高二下至高三上，學測複習和課程進度是要同步進行的，國、英、數都沒有問題，因為這幾科會考當下上課的內容，但自然科幾乎不會。老師通常也沒有打算幫我們進行有系統的複習，只是偶爾略提到學測會怎樣考。

那麼，我是如何準備學測自然科呢？

- 首先，我有買地科、生物的複習講義，物理化學因為高一講義編得不錯就沒有買。記住，把講義觀念複習透徹很重要，但不要過度執著，浪費太多時間在寫複習講義上。
- 此外，我也買了坊間的模擬題本、北模題本，兩本都有寫完。我還買了一本「素養類型的混合體」練習本，這讓我對混合題型的掌握度更高。
- 最後，便是學測的歷屆考題、大考中心參考試題、大考中心舉辦的模擬考等最貼近真實的題目。在刷題目的同時，任何有疑問的地方就回頭翻複習講義，並做記號或寫成筆記。遇到在講義上也沒見過的題型，就問老師或同學，接著把觀念補在講義上。

自然科是我穩紮穩打的科目，在最後衝刺時反而放較少心力，我認為自然科的複習要盡早處理好。

自然科超高效學習法——高二、高三篇

上一篇談完了高一的自然學習方法，現在再和大家分享高二、高三自然學習的方法。

因為不同科目的準備方法有同也有異，我會在該方法說明適合哪些科目。

一、勇敢面對挑戰——物理

物理科突如其來的難度變化，對剛升高二的同學有不小的壓力，特別是那些高一在學習上沒有先「偷跑」的同學，我便是其中之一。

當時，物理難度急遽升高，給我極大的壓力，不僅讓我產生恐懼，甚至好長一段時間我都是用「背」的方式學物理，強記了好多公式，也透過頻繁練習相同題型將其過程硬背下來。

還記得高二上的開學考，我的物理只拿了五十幾分，填充題更是完全沒答對，老師跟我們說：「填充題的難度大約是段考的基本題」，聽到這句話時我還沒有太大震撼，心想大不了上課認真，回家複習，段考拿個八、九十分應該還是不難吧！

但從課程開始不到兩個禮拜，我就放棄了這個想法。因為老師講解的觀念比起高一需要多一點時間理解，但講解的時間很短，通常都直接帶我們做題目，題目用到的觀念又需要思考，計算量變更大。總之就是一切都變得很難，我理所當然地在第一次段考得了淒慘的分數。我知道我並不甘心，幾次段考過後，我決定收起畏懼，勇敢面對挑戰。

我想讓我敢直面物理的原因如下：

- **對於讀書態度的轉變**：過去的我認為讀「教科書」最大的目的是為了考試，我並未理解教科書不僅能帶給我們學科知識，正確的學習態度甚至能培養並強化我們的思考邏輯、思維模式、應變能力、追求知識的渴望等。總之，我不再認為讀書是為了應付考試，並開始享受讀書。隨後我便嘗試從頭培養物理觀念、計算、技巧、邏輯等。
- **同學的提醒**：高二後我和幾個成績不錯的同學關係很好，我們會互相切磋課業。過去和他們討論物理時，他們曾善意地提醒我，我的讀書方法有其侷限性。

上述兩點中，第一點是最主要的影響，而第二點則是促成改變的加速器。在此鼓勵每位同學發現自己讀書策略的缺陷後就馬上放膽去改，現在就是行動的最佳時機！

二、讀書前的沉澱——物理、化學、生物

讀書前讓心靜下來能增進讀書效率，但前提是你必須了解適合自己的讀書方式，或許不是讀任何學科都需要絕對安靜的環境。

以我自己為例，讀理科需要絕對專注，但讀社會科時則比較可以忍受外界干擾，或是自身的思緒變換。讀書前的沉澱方法也因時、因地而有所不同，有時候我需要去外面走走、有時需要聽點輕音樂、有時需要先小睡片刻。所以在好好讀書之前，要先知道自己在什麼環境或狀態下能發揮到最好。

在此讓我具體分享幾個我讀書前自我沉澱的方法：

- **到戶外透透氣**：這個方法適用於讀了一段時間感到疲憊時。到室外看看遠方、看看小動物、看看綠樹，不僅能保護眼睛，也能轉換心情。
- **小睡片刻**：通常在吃完午餐後，我會休息十五到三十分鐘，剛吃完飯頭昏腦脹的，讀書會很沒效率。或是身體狀況比較差的時候我也會選擇小睡一下，不要硬撐。讀書其實是一場耐力賽，比的是誰更有恆心和毅力。
- **聽（輕）音樂**：有時讀書讀得太亢奮，或其實不太有心思讀書，我都會選擇聽音樂。聽輕音樂時我能把書讀進去，但聽有歌詞的音樂時就會分心，所以我通常會給自己五到十分鐘聽音樂，之後便心甘情願地讀書。

每個人都有自己沉澱的方法，但我真的不太推薦「滑手機」，特別是那些自制力不足的人。不光是滑手機放鬆的時間長度可能超過預期，讀書期間也容易分心回想之前手機看到的內容。

三、把字寫工整——物理

物理常常會遇到需要大量計算的題目，如果算式跳來跳去，突然一步卡住，想回頭便很困難。不光如此，之後要檢討題目時，查看自己的算式也是個大難題。

同時，凌亂的算式也會讓我們在計算時心情更加浮動，增加粗心的可能性。

總而言之，我認為把算式寫工整是學好物理的第一步，我自己就曾在這點上吃過虧。

四、用自己的方式記憶——物理、化學、生物

物理、化學、生物這三科都有不同程度的內容需記憶，讓我逐個介紹與分享我的做法。

●物理

物理最需要背的只有各單元最基本的公式，剩下的就因人而異。我的建議是可以背，但絕對也要會推導，同時要給自己一些推導時的記憶點，像是某個步驟會出現什麼常數，最後的單位是什麼……等。

在讀書時就要多練習推導，並且熟知每個步驟的由來與意義，這能幫助我們更徹底掌握知識。

國文 英文 數學 社會 自然〔高一〕 自然〔高二．高三〕

化學

化學是物理的集大成，某些現象複雜到難以用高中程度的物理解釋，這導致要背的東西增加更多，如：化學反應式、電負度、氧化還原電位、氧化物顏色等。

我們通常會用諧音去記化學元素的順序，我自己則是會將過去背過的化學知識盡量和新知識連結，就算它們實際上毫不相干。

生物

生物需要背的內容通常很完整，如：人體的激素、植物的根莖構造、人體免疫系統的作用方式。心甘情願地順著課文走過，在理解生物體內的運作方式後，便能透過半記憶半理解的方式學習。

我通常會記不同構造的功能，然後透過推理將它們串連起來，其中再用合理性判斷是否有缺漏。

五、將觀念學紮實——物理、化學、生物

遇到越難理解的觀念越要理解透徹，切勿草草帶過，想著這次考試背起來就好，這會為自己帶來後患。如果不幸要面對未來的分科測驗，過去死背的內容早就忘光，從頭再學會很浪費時間，而且也不可能再用「死背」的方式應付大考，畢竟範圍太大了。

最好的做法就是充分理解自己所讀的觀念，卡關時不要硬著頭皮讀完，可以先換個科目、換個環境，或換個讀法，真的不行還能請教老師、同學。千萬不要短視近利，也不要抱著僥倖的心態想著「學測就能考上」，未來的事誰也說不準，把自己置於一個沒有後患的境地才是最好的選擇！

總而言之，學好觀念是首要目標，隨後再適時使用自己的讀書技

巧。只要觀念學得好，就算背誦的內容忘記了也能自行推導，遇到變化的題型也有解開的資本。

六、千萬別粗心——物理、化學

困難的觀念、複雜的計算本身已夠折騰人了，如果考完試後才發現有十足把握的題目因為粗心而失分，真的會讓人大受打擊。如何戰勝粗心的自己，是我過去一直面對的課題，但升上高二後，粗心的次數大幅下降。我歸因於以下原因：

- **考試時穩住心態**：題目簡單時告訴自己不要犯錯，先將題目大致掃過一遍，確定都不難後可以慢慢作答，並注意陷阱；題目困難時告訴自己答對一題是一題，同樣也是在掃過題目後，先把簡單的分數都拿下，再來挑戰難題。

考試時也不要被其他同學影響，對方寫得很快可能是空很多題沒作答，他提早交卷是早已放棄。總之，考試時穩住心態才能發揮出自己的實力。

- **算式寫工整**：運算時確保位數對齊、數字寫漂亮，算式從上到下、從左到右，並在考卷的空白處規劃每題算式的空間。
- **避免「食緊挵破碗」**：粗心的一大原因就是寫得太急了！就算看到寫過好多遍的題目，也不要匆忙運算，整題仔細看完一遍再開始作答。

但有時，考試後半段很急是因為發現時間太趕，那麼該如何避免這種情況呢？在拿到考卷後，分析整張考卷的題型、難度，不需要從第一題開始寫，最好從自己有自信的題目下手，先把基本分拿到再來處理難題，這是我面對重要考試的策略！

教養生活 CU00075

家有中學生的解憂之書：
在教養與升學之路，讓親子作家×台大優等生一起成為青少年的陪跑員【特別收錄：高中五大科的學霸學習法】

作　者—尚瑞君、林祐亨
主　編—郭香君
封面、內頁設計—比比司設計工作室
內頁排版—新鑫電腦排版工作室

總編輯—胡金倫
董事長—趙政岷
出版者—時報文化出版企業股份有限公司
108019台北市和平西路三段二四〇號七樓
發行專線—（〇二）二三〇六—六八四二
讀者服務專線—〇八〇〇—二三一—七〇五
（〇二）二三〇四—七一〇三
讀者服務傳真—（〇二）二三〇四—六八五八
郵撥—一九三四四七二四時報文化出版公司
信箱—10899臺北華江橋郵局第九九信箱
時報悅讀網—http://www.readingtimes.com.tw
綠活線臉書—https://www.facebook.com/readingtimesgreenlife
法律顧問—理律法律事務所　陳長文律師、李念祖律師
印　刷—綋億印刷有限公司
初版一刷—二〇二四年一月二十六日
初版七刷—二〇二四年九月十一日
定　價—新臺幣三八〇元

時報文化出版公司成立於一九七五年，
並於一九九九年股票上櫃公開發行，於二〇〇八年脫離中時集團非屬旺中，
以「尊重智慧與創意的文化事業」為信念。

家有中學生的解憂之書：在教養與升學之路，讓親子作家 × 台大優等生一起成為青少年的陪跑員【特別收錄：高中五大科的學霸學習法】/ 尚瑞君, 林祐亨 著. -- 初版. -- 臺北市：時報文化出版企業股份有限公司, 2024.01
面；　公分. --（教養生活；CU00075）

ISBN 978-626-374-734-0（平裝）

1. CST: 親職教育　2. CST: 子女教育　3. CST: 學習方法

528.2　　112020907

ISBN 978-626-374-734-0
Printed in Taiwan